流程
让管理更高效

流程管理全套方案制作、设计与优化

鲍玉成 著

化学工业出版社
·北京·

内容简介

流程管理是一门重要的学科,并在企业经营管理中有着重要的作用和地位。一套好的管理流程,可以帮企业提高管理水平,提升工作效率,节约管理成本,打造完美执行,减少工作失误。让每个人都能各司其职,不错位,不缺位,不越位。

全书围绕如何轻松实现流程化管理来安排内容架构。第 1~3 章横向阐述流程的重要性,流程的定义、规划、梳理、执行、评估和优化,及流程设计的步骤;第 4~10 章纵向阐述企业主要部门流程管理的作用和设计要点等,从行政部门、人事部门、财务部门、市场部门、销售部门、采购部门、客服部门等方面,全面介绍了流程管理的设计要点和实操技巧,并通过大量的案例、图表进行解说,生动、直观地将流程管理中的许多方法、工具和表单清晰地展现出来。全书深刻剖析了流程管理的诸多疑难问题,希望以此全力推动流程管理切实见效。

图书在版编目(CIP)数据

流程让管理更高效:流程管理全套方案制作、设计与优化/鲍玉成著. —北京:化学工业出版社,2019.11(2022.5重印)
ISBN 978-7-122-35004-6

Ⅰ. ①流… Ⅱ. ①鲍… Ⅲ. ①企业管理-研究 Ⅳ. ①F272

中国版本图书馆 CIP 数据核字(2019)第 167937 号

责任编辑:卢萌萌　　文字编辑:李　曦　　装帧设计:水长流文化
责任校对:王鹏飞　　美术编辑:王晓宇

出版发行:化学工业出版社(北京市东城区青年湖南街 13 号　邮政编码 100011)
印　　刷:三河市航远印刷有限公司
装　　订:三河市宇新装订厂
710mm×1000mm　1/16　印张 15　字数 281 千字　2022 年 5 月北京第 1 版第 4 次印刷

购书咨询:010-64518888　　　　　　　　　　　售后服务:010-64518899
网　　址:http://www.cip.com.cn
凡购买本书,如有缺损质量问题,本社销售中心负责调换。

定　价:68.00 元　　　　　　　　　　　　　　版权所有　违者必究

前言

为什么有的管理者工作起来非常轻松，即使面对再多的事情，也能应对自如；而有的管理者工作无头绪、如乱麻，而且总抱怨时间不够用。这是因为工作流程不对。高效的管理者总有一套科学、合理的流程，流程让工作更有条理，管理起来更简单，更节省成本。

在管理学中，流程化管理是一门重要的学科，而且经过多年的发展，体系已非常完善，在企业经营中发挥的作用越来越重要。一套好的流程可以帮助管理者提高管理水平，提升工作效率，节约管理成本，打造完美执行，减少工作失误，让企业中的每个人都能各司其职，不错位，不缺位，不越位。

工作犹如一颗颗珍珠，这些散布的珍珠如果想实现增值，就必须串在一起，而串联珍珠的那条线就是流程。用大大小小的流程对工作加以规范、约束，可使工作有制度可依，有标准可考量，变得简洁而有条理。

本书围绕如何实现流程化管理而写，目的在于帮助企业管理人员高效地完成工作。本书知识全面详细，语言通俗精准，配图清晰易懂，可谓一册在手工作无忧。

全书共分为10章。第1~3章从整体上阐述流程化管理的重要性，第1章辩证地论述了企业管理工作与流程化的关系，借此引出实施流程化管理的必要性；第2章分别从流程化的概念、内容、作用三个方面进行具体阐述；第3章重点介绍了流程化管理的核心——流程图的设计，包括前提条件、目标、技巧方法等。第4~10章分别阐述企业常设部门管理工作的流程，包括行政部门、人事部门、财务部门、市场部门、销售部门、采购部门和客服部门等。全面介绍了这些部门不同工作流程的设计原则、方法和操作流程。这部分内容是本书的核心，全部以简洁的文字、清晰的图表展现，生动、直观，可以让读者更轻松地阅读，更快速地掌握相关知识。

流程化管理是一门实践性很强的学科，本书虽然增加了一些实务操作的介绍，提供了一些相关的实例，便于读者理论联系案例，培养分析问题和解决问题的能力，但限于知识的有限，书中难免存在疏漏和不足之处，敬请读者指正。

著者

目录

第1章 流程与管理
没有流程，做好管理就是空话

1.1 管理无流程，只能事倍而功半 2
1.2 哪里有管理，哪里就需要流程 3
1.3 实行流程化管理的3个前提条件 6

第2章 流程化管理
优化管理资源，提升管理效率

2.1 流程化管理的概念和内容 9
  2.1.1 什么是流程化管理 9
  2.1.2 流程化管理的内容 11
2.2 流程化管理的作用 12
  2.2.1 优化管理，厘清工作思路 13
  2.2.2 疏通渠道，实现信息的高效传递 16

2.2.3 规范行为，提高工作效率 19
2.2.4 降低成本，节能增效增利 22
2.2.5 防错纠错，实现零容忍、零失误 25

第3章 流程图的设计
将复杂的理论转化为简单的执行

3.1 设计的前提：以企业和业务实际为前提 28
3.2 设计的目标：节省时间，提升工作效率 30
3.3 设计的落脚点：以结果为导向，一切便于执行 32
3.4 设计的基本要求：节点之间衔接要紧密 36
3.5 设计的效果：让每项工作都真正落到实处 40
3.6 要兼顾过程，重视结果但也要重视过程 42

第4章 行政部门管理流程设计关键词
删繁就简，提升效率

4.1 行政部门流程化管理的作用
　　——将管理者从繁杂的工作中解放出来 46
4.2 行政管理工作流程化设计的主要内容 47
4.3 行政管理工作中常用的管理流程 49
　　4.3.1 日常接待工作流程 49
　　　附　日常接待工作流程所涉表单（附表4-1） 51
　　4.3.2 办公用品使用流程 51
　　　附　办公用品使用流程所涉表单（附表4-2～附表4-6） 54

4.3.3 发、收文管理流程 ……………………………………………… 55
　附　发、收文管理流程所涉表单（附表4-7～附表4-11）…… 59
4.3.4 印章使用管理流程 ……………………………………………… 61
　附　印章管理流程所涉表单（附表4-12～附表4-14）………… 63
4.3.5 会议管理流程 …………………………………………………… 64
　附　会议管理流程所涉表单（附表4-15～附表4-17）………… 66

第5章 人事部门管理流程设计关键词
人尽其能，物尽其用

5.1 人事部门流程化管理的作用
　　——充分发挥企业中的人才和资源优势 …………………… 69
5.2 人事管理工作流程化设计的主要内容 ……………………………… 70
5.3 人事管理工作中常用的流程模块 …………………………………… 73
　5.3.1 招聘与录用流程 ………………………………………………… 73
　　附　招聘工作流程所涉表单（附表5-1～附表5-6）…………… 76
　5.3.2 员工培训流程 …………………………………………………… 79
　　附　员工培训流程所涉表单（附表5-7～附表5-10）………… 82
　5.3.3 员工考勤流程 …………………………………………………… 84
　　附　员工考勤流程所涉表单（附表5-11、附表5-12）………… 86
　5.3.4 员工绩效考核流程 ……………………………………………… 87
　　附　员工绩效考核流程所涉表单（附表5-13～附表5-15）…89
　5.3.5 员工薪酬管理流程 ……………………………………………… 92
　　附　员工薪酬管理流程所涉表单（附表5-16～附表5-19）…94
　5.3.6 员工档案管理流程 ……………………………………………… 97
　　附　员工档案管理流程所涉表单（附表5-20～附表5-22）…99
　5.3.7 员工劳动合同管理流程 ………………………………………… 100
　　附　员工劳动合同管理流程所涉表单
　　　（附表5-23～附表5-25）……………………………………… 102

第6章 财务部门管理流程设计关键词
发现问题，纠错防错

6.1 财务部门流程化管理的作用
　　——保证各项业务的真实性、有效性 104
6.2 财务管理流程化设计的内容 105
6.3 财务管理工作中常用的流程模块 107
　　6.3.1 财务预算表编制流程 107
　　　附　财务预算表编制流程所涉表单（附表6-1～附表6-5）..110
　　6.3.2 财务核算和账务处理流程 112
　　　附　各类凭证账务处理流程所涉表单
　　　（附表6-6～附表6-9） 114
　　6.3.3 经费、费用报销流程 116
　　　附　经费、费用报销流程所涉表单
　　　（附表6-10、附表6-11） 118
　　6.3.4 应付账款管理流程 119
　　　附　应付账款管理流程所涉表单（附表6-12～附表6-14）...121
　　6.3.5 应收账款管理流程 122
　　　附　应收账款管理流程所涉表单（附表6-15～附表6-19）...124
　　6.3.6 筹资业务流程 126
　　　附　筹资业务流程所涉表单（附表6-20） 128
　　6.3.7 企业内部财务审计流程 131
　　　附　企业内部财务审计流程所涉表单
　　　（附表6-21～附表6-23） 132
　　6.3.8 纳税申报流程 136
　　　附　纳税申报流程所涉表单（附表6-24～附表6-26）..........139

第7章 市场部门管理流程设计关键词
立足市场，抓痛点需求

7.1 市场部门流程化管理的作用
　　——立足调研，为精准营销做足准备 144
7.2 市场调研流程化设计的主要内容 145
7.3 市场调研工作中常用的流程模块 147
　　7.3.1 市场预测与分析流程 148
　　7.3.2 市场调研方案制作流程 149
　　附　市场调研方案模板 152
　　7.3.3 市场调查问卷设计流程 153
　　附　市场调查问卷模板 155
　　7.3.4 市场调研报告撰写流程 156
　　附　市场调研报告基本格式 160

第8章 销售部门管理流程设计关键词
提升订单量，提高企业业绩

8.1 销售部门流程化管理的作用
　　——以市场为导向，以业绩提升为最终目的 162
8.2 销售管理工作流程化设计的内容 163
8.3 销售管理工作中常用的流程模块 167
　　8.3.1 销售目标、计划制订流程 167
　　附　销售计划书模板（附表8-1～附表8-3）..............169
　　8.3.2 客户开发与管理流程 171
　　附　客户开发与管理所涉表单（附表8-4～附表8-6）......173

8.3.3 销售拜访流程 176
　附　销售拜访所涉表单（附表8-7、附表8-8）..................177
8.3.4 发货流程 179
　附　发货流程所涉表单（附表8-9～附表8-11）..................180
8.3.5 退货流程 181
　附　退货流程所涉表单（附表8-12、附表8-13）................182
8.3.6 售后回访流程 183
　附　售后回访流程所涉表单（附表8-14、附表8-15）........184

第9章 采购部门管理流程设计关键词
控制成本，开源节流

9.1 采购部门流程化管理的作用
　　——提质量、控成本，做好企业的后勤大总管..........187
9.2 采购管理工作流程化设计的内容 188
9.3 采购管理工作中常用的管理流程 190
　9.3.1 采购申请流程 190
　　附　采购申请表模板（附表9-1～附表9-3）......................192
　9.3.2 采购计划制订流程 194
　　附　采购计划制订流程所涉表单（附表9-4～附表9-7）......195
　9.3.3 询价流程 198
　　附　询价流程所涉表单（附表9-8～附表9-11）..................200
　9.3.4 供应商管理流程 202
　　附　供应商管理流程所涉表单（附表9-12～附表9-14）....204
　9.3.5 招标采购流程 207
　　附　招标采购流程所涉表单（附表9-15、附表9-16）..........209

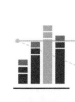

第10章 客服部门管理流程设计关键词
提升服务质量，优化服务体验

- 10.1 客服部门流程化管理的作用 ……………………………………212
- 10.2 客服管理工作流程化设计的内容 …………………………………212
- 10.3 客服管理工作中常用的管理流程 …………………………………214
  - 10.3.1 客户信息管理流程 ………………………………………214
  - 附　客户信息管理所涉表单（附表10-1～附表10-3）……216
  - 10.3.2 客户信用等级管理流程 …………………………………218
  - 附　客户信用等级管理所涉表单（附表10-4、附表10-5）…220
  - 10.3.3 售后跟踪服务流程 ………………………………………221
  - 附　售后跟踪服务所涉表单（附表10-6、附表10-7）……223
  - 10.3.4 客户投诉处理流程 ………………………………………224
  - 附　客户投诉处理所涉表单（附表10-8～附表10-10）……226
  - 10.3.5 产品维护保养服务流程 …………………………………227
  - 附　产品维护保养服务所涉表单
    （附表10-11～附表10-15）…………………………………228

第1章

流程与管理
没有流程，做好管理就是空话

制度管人，流程管事，制度明权责，流程出效益。对于现代企业来讲，拥有一套科学、合理、规范的管理流程，可让管理工作不错位、不缺位、不越位，确保企业各项规章制度得以有效执行，确保每位执行人责任到位，做出成效。

1.1 管理无流程，只能事倍而功半

作为企业的一名管理者既要懂得低头干活，更要知道抬头看路。管理工作是很烦琐的，而一些重要的工作很容易被日常事务湮没，导致很多时候即使看起来很忙，效果却不尽如人意。

流程是工作的"方向"，流程错了方向就错了，方向错了势必造成工作效率低下，甚至毫无成效。

在互联网思维中有一个非常典型的思维：快思维。这个思维的核心就是"快"，做什么都讲究"效率"，唯快不破。总之，未来企业谁能在"快"上取得突破，谁就能在竞争中占据主动。在这种思维的影响下，不少企业管理者开始有些力不从心。尽管整个公司各部门上上下下所有人每天都在忙忙碌碌，但效率仍然很低下，业绩长期不佳，经济效益锐减，甚至面临着生死的严峻考验。

之所以出现这些问题，根源就在于陈旧的管理思维和模式。新形势要求企业管理者决策要快、计划要快、落实要快，不能慢一步，否则就会全盘皆输。而总有一些管理者无法完全适应这种快节奏，他们想问题、做事情效率极低，甚至大多数时候是在瞎忙。

全球著名管理学大师、经理角色学派代表人物亨利·明茨伯格说过，如果你问一些管理者，工作时都在做什么？很大一部分人很有可能会告诉你，在计划、组织、协调、控制（这是管理者们非常推崇的八个字，法国管理大师亨利·法约尔在1916年提出），但如果真正去看他们是否在做，结果就会很惊讶，他们所做的工作与这八个字根本不搭界。

明茨伯格为什么会如此下结论，这源于他曾做过的一个调研：

案例1

明茨伯格用一周的时间观察了五位首席执行官（CEO）的日常工作，这些人分别来自大型咨询公司、著名的大学附属医院、教育系统、高科技公司和日用品制造商。在调查中，他发现大部分人的工作是非常无序的，半数以上的人持续做一件事情的时间不超过9分钟，只有1人连续工作超过一小时。

他在观察期间，看到了这样的场景：有一个下属打电话给他们的首席执行官，说公司一间厂房着火了，烧了个精光，这事儿怎么办？CEO做了简单的应答后就开始做别的事情，包括向退休员工赠送金表；出席行业研究会；与科研人员坐在一起讨论关于产品的有趣想法。就这样，一天已经过去了，而着火的事情仍没有去处理。

这位 CEO 忙吗？的确很忙，一天做完了多件事情。但为什么一天过去了，最重要的厂房着火的事情还没有解决呢？这就是很多管理人员的工作状态，看似很忙却不出效益。

据此，明茨伯格分析出，大多数管理人员的工作目标是模糊的，是混乱无序的，是没有深思熟虑过的，并总结出这种模糊的、混乱无序的工作状态，具有短暂性、多样性、非连续性。因此，低效的管理人员与那些高效的管理人员相比，虽然也整天坐在办公室，忙忙碌碌，但效果完全不一样。这就好像画家作画，表面上都是在作画，但画出来的效果完全不同，只有真正领会了画作的精髓才能知道自己在干什么，知道如何去做。

在企业管理上，明茨伯格比较杰出的贡献之一就是提出了"适度的混乱和克制的无序"管理理念。这话听起来有点矛盾，但进一步想就会发现这乃是管理的精髓。适度的混乱，是指管理者的工作一定是乱的，绝对不是标准化的、死板教条程序化的。克制的无序，是指管理又不是完全无序的，它有一定的秩序，有一定的标准。正是因为管理工作是无序的，才要制度、标准、流程来约束和规范。

由此可见，企业管理人员要想高效工作，就需要一套具有长期性、稳定性和连续输出性的流程来辅助工作，以帮助自己梳理繁杂的工作，抓住重点，找到规律。

1.2 哪里有管理，哪里就需要流程

流程化管理是一种新的管理模式，是一个从无序到有序的渐变过程，在企业管理工作中起着重要作用。只要时时有流程、事事有流程，无论在任何时候，做任何事情都可按照约定的流程走，事情就会完成得速度又快，效率又高。

事实也是如此。在当今一些著名大企业中，流程化管理越来越被重视，不少企业已经建立起了非常完善的流程化管理体系，实施着较为严格的流程化管理。

案例2

海尔集团曾以每个流程 5000 美元的价格邀请麦肯锡团队设计了 2000 个流程，基本涉及了每个层面的工作；麦当劳的员工从入职到独立上岗仅需要 6 个小时，也是因为麦当劳将所有的工作都进行了流程化设计，每个工作都有简单实用的流程；万科集团即使是刚招聘的新人，也能够在最短时间内掌握

所有的工作要领,并把工作做好,原因在于万科拥有一套标准的、完善的工作流程。

任何一家好的企业都离不开流程管理,企业的任何一项工作也离不开流程管理。举个简单的例子,召开会议可以说是一个非常简单的事,但如果仔细调研一下就会发现,很多企业的会议杂乱无章、效率低下,令管理者头疼,令员工反感。

在很多企业中存在这样的现象:开会的效率与开会时间成反比,开会时间越长,效率越低。原本三言两语就能讲清楚的事情,一些人偏偏要天马行空、高谈阔论,结果花了几倍的时间。怎样才能改变这种状况呢?答案是制订一套高效的会议管理流程,确保会议按既定流程进行。例如,确定会议主题、准备会议素材、确定发言顺序、主持人总结、公布会议结论等,如图1-1所示。总之,牢记一点,严格按照流程行事,如果发现偏离者,一定要及时提醒对方,将其拉回会议主题上来。

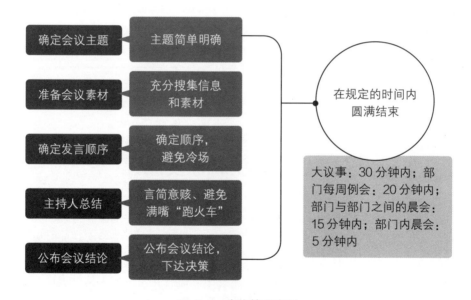

图1-1 会议管理流程

另外,还要注意会议时间,对于会议时间的把控,是为了保证发言者的效率,会议管理流程中甚至可以规定每个发言者的大概发言时间。一般来说,可以视情况而定。比如,宣传新制度、宣布新方案、说明新流程、通报严重违纪事件等,最好不要超过30分钟;部门每周例会,不宜超过20分钟;部门与部门之间的晨会,应控制在15分钟以内;各部门、小组举办的晨会、晚会等,不宜超过

5分钟。

对于无法估测时长的会议，如会议上需要大家集思广益，管理者可以先把会议主题告知广大员工，让大家提前熟悉并思考。这样有利于调动员工思考和发言的积极性，以取得更好的讨论效果。

当然，这些数据仅供参考，具体到不同的企业，管理者还应根据具体情况来定。召开会议的总原则是，有针对性地召开，目的是推动工作更好地开展。

上述案例只是以企业召开会议为例，讲述了按流程办事的重要性，从而帮助管理者以及全体员工建立流程管理理念。其实，企业管理中还有很多事情可以采用流程化的办法来管理，如产品采购、市场推广、人才招聘等。

总之，流程化管理在企业内外部都发挥着重要作用，它可以确保管理工作的高效和有序。具体来讲，体现在3个方面。

（1）提高管理者工作效率

科学、高效的流程能将管理者从烦琐的事务中解放出来，让他们明确目标，简化步骤，提高工作效率。

正如华为总裁任正非说过这样一句话："一个新员工，看懂模板，会按模板来做，就已经标准化、职业化了。你三个月就掌握的东西，是前人摸索几年、几十年才形成的，你不必再去摸索。"这句话切切实实地道出了流程管理的好处。这也是现在越来越多的企业重视流程化管理的主要原因。

（2）提升员工执行力

流程化管理是提升企业员工执行力的有效工具。一个缺乏规范化、标准化、流程化管理的公司，即使天天强调执行力的重要性，员工的执行力也难以得到有效提升。所以，业界才有一句话：执行就是走流程。按流程执行是提升企业和个人执行力的最佳"药方"。

（3）消除部门壁垒，打破部门墙

流程化管理可以有效地消除部门壁垒，打破部门墙。在流程的衔接下，容易组建起跨部门的合作，涉及多个部门的工作不必通过上级的层层命令、协调，而由相关部门组成虚拟团队来完成，它们不再局限于专业管理范围内，而是一个个横向沟通、协作的项目小组。这样，部门之间的合作、员工之间的合作可以自觉自主地展开，共同完成任务。

1.3 实行流程化管理的 3 个前提条件

思想决定行动，引导行动。想象一下，如果一家企业的管理者没有流程化管理的理念，他们会有效地展开流程化管理吗？答案是否定的。因此，如果要保证流程化管理有效地开展，企业管理者就必须从树立正确的流程化管理理念开始。

谈到流程化管理理念的树立，有些企业管理者可能认为，这是一种理论知识的灌输，必须通过理论化的教学来进行。其实，这并非全部。流程化管理理念的树立，很重要的一点是构建流程化实施的条件，如制度的保证、组织结构的优化以及打造一些监管平台来支撑等。

因此，要想确保流程化管理卓有成效地开展，至少要具备以下 3 个前提条件。

（1）制度保障

流程化管理不仅是一种理念，还是一种必须拿出行动来执行的行为。既然是行为就需要制度的规范和约束。因此，实施流程化管理首先要保证流程建立在完善的制度之上，在此前提下，以制度为保障，来提高员工执行的自觉性。

例如，某企业领导发现员工严重违规，给公司带来很大损失，遂要求对该员工进行严肃处理，但可气的是他居然找不到处罚的制度依据。企业制订了如此之多的流程，居然对重大风险点没有管控要求与标准。从流程架构的维度来看，这个问题产生的原因很简单，就是流程缺乏制度保障，或者制度建设缺乏系统性，没有基于全面的流程架构来构建，没有基于以流程为主线来设计。

（2）组织结构保障

流程是企业各类管理要素能力呈现的载体，包括组织管控模式、业务模式、授权、信息技术（IT）、人力资源（HR）等，特别是组织管控模式。企业发展要想适应新时代的要求，必须首先进行组织管控模式的再造，如组织扁平化、分权、划小核算单元、内部创业等，否则解放流程就无从谈起。

流程化管理的组织结构是扁平化的，是以流程化为基础而形成的一种线性结构，管理的实施需要将金字塔型的层级组织体系，改造成扁平的组织体系，把刚性的组织体系改造成柔性组织体系，这样才能实现由职能管理向流程管理的转变。

与扁平化组织结构相对的是职能化组织结构，这种组织结构是在智能化管理的基础上建立起来的一种组织形态，呈金字塔型，也是很多企业曾经十分推崇的模式。这种管理模式的不足之处是以职能部门为单位进行管理，部门之间的边界极为明显。因此，很容易在企业中形成一个个分裂的利益中心，各自为政，一旦涉及多部门配合的项目，就容易出现多头管理，产生分歧也需要通过上级部门出面协调。因此，职能化组织结构下的管理效率往往很低。

（3）全面监管

很多企业制订某个工作流程之后，就要求员工按照这个流程去执行，然后就以为万事大吉了。其实，这是不对的。因为流程执行得到底好不好，必须通过监督核查来反馈。比如，有家企业实施流程化管理之后，把各个职位的相应职责清楚地印在《员工手册》上，然后发给每个员工一本手册，尽管手册中的流程图表非常细致，但是大多数员工并没有按照这些条条框框（流程）去执行，真正得到执行的不到10%。

对此，有必要引入监督考核机制，设立一个监管环节，通过反复检查来狠抓落实，对照每个职位相应的职责，进行监督。发现没有按流程执行的情况，要及时了解实际情况，加强督促和提醒。对于情况严重的、屡教不改的员工，考核部门可以采取相应的惩罚措施；对于认真执行流程制度的员工，考核部门可以进行适当的奖励，最后把这些平常的执行情况纳入最终的绩效考核中，与员工的薪酬、待遇直接挂钩。如此，才能保证员工的各项工作都按流程来执行。

第 2 章

流程化管理
优化管理资源,提升管理效率

流程化管理对管理的优化、提升是全方位的,能最大限度地帮助管理者提升工作效率、提升产品品质、降低工作成本。俗话说"磨刀不误砍柴工",作为企业管理者,如果能多花点时间把流程这把"刀"磨好,那么,实现工作效率的整体提升则是水到渠成。

2.1 流程化管理的概念和内容

2.1.1 什么是流程化管理

流程化管理的概念最早由管理大师迈克尔·哈默（Michael Hammer）在1990年提出，核心是再造（Reengineering）。流程化管理起初源于业务再造。业务再造（BPR），是以业务流程为导向，从企业战略和客户需求的角度出发，以创造更大价值和更多客户满意度为最终目标，提高企业竞争力的变革。

综上所述，流程化管理是一种基于某项业务流程进行管理、控制的管理模式。因此，我们在学习流程化管理之前，需要先来了解一下流程的概念及包含的要素。这里通过一个简单的实例——请假流程进行说明。

（1）流程的概念及包含的要素

请假，是企业人事管理中最常做的一项业务。在做这项业务时，需要如何进行流程化梳理呢？如图2-1所示。

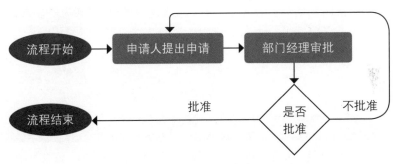

图2-1 请假流程图

从上图中可以看出，请假流程非常简单，虽然简单但却是一个非常标准的流程，它包含了流程的全部要素。流程的要素有三个，分别为输入、过程和输出，如图2-2所示。

① 输入。输入是流程的前置环节，是启动流程之前需要提前完成的准备工作，要确保流程有效运作，就必须有符合流程要求的输入，如提交某项申请需要准备相应的申请材料、生产某个产品需要准备相应的原材料等。

② 过程。过程是流程从发起到结束所经历的处理环节，这个环节通常是被预设好的。环节可能是一个，也可能是多个，环节与环节之间存在着相互依赖关系

或是先后顺序。例如，某个决策流程会按照预设的人员或岗位进行流转从而完成决策过程，生产线上的产品生产流程会按照产品生产或装配的顺序组织生产过程。

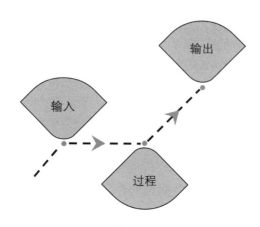

图 2-2　流程的三要素

③输出。输出是实施这个流程能达成的最终产出。输出是流程的目标，也就是说，实施这个流程究竟要达到什么目的。例如，决策流程的输出就是决策结果，生产流程的输出就是符合质量标准的产品。

接下来重新回到请假流程上，看看这个流程为什么被认为是非常标准的流程？原因就在于它包含了一个完美流程应该具有的全部要素：输入、过程和输出。我们再结合案例分析一下，具体如表 2-1 所列。

表 2-1　一个完善的流程应包含的要素（请假流程）

要素	解释（结合请假实例）
输入	（准备工作）是要申请人先明确假期的类型、请假原因、请假的时间段和剩余假期，提出申请
过程	处理过程只有一个环节——部门经理审批，这个环节的工作内容是由部门经理审批假期申请的合理性
输出	得到什么审批结果，即批准或不批准请假申请

综上所述，所谓流程，就是做一件事情前要清楚，需要准备哪些前置性的工作（输入）、事情的处理环节是怎样的（过程），以及会产生怎样的预期结果（输出）。

通过对请假流程实例的讲解，我们可以给流程下一个定义：流程是一组将输入转化为输出的相互关联或相互作用的活动，包含三个要素，即输入、过程、输出。这也是国际标准化组织（International Standardization for Organization，简称 ISO）在 ISO 9000 中对流程的定义。

（2）流程化管理的概念和特征

在对流程的基本概念、要素有所了解后，接下来我们结合企业管理再说说什么是流程化管理。流程化管理（Process Management），是指以生产作业的流程为主线的管理方法。它强调以流程为目标，以流程为导向来设计组织框架，同时进行业务流程的不断再造和创新，以保持企业的活力。简而言之，流程化管理是对业务流程的再造。

① 流程化管理最重要的特点是突出流程，强调以流程为导向的组织模式重组，以追求企业组织的简单化和高效化。

② 流程化管理的另一个重要特点是反向，即从结果入手，倒推其过程。这样关注的重点，首先就是结果和产生这个结果的过程，这就意味着企业管理的重点转变为突出客户服务、突出企业的产出效果、突出企业的运营效率，即以外部客户的观点取代内部作业面方便的观点来设计任务。

③ 流程化管理注重过程效率，流程是以时间为尺度来运行的，因此这种管理模式在对每一个事件、过程的分解过程中，其关注的重要对象是时间。

④ 流程化管理将所有的业务、管理活动都视为一个流程，注重它的连续性，以全流程的观点来取代个别部门或个别活动的观点，强调全流程的绩效表现取代个别部门或个别活动的绩效，打破职能部门本位主义的思考方式，将流程中涉及的下一个部门视为客户。因此，将鼓励各职能部门的成员互相合作，共同追求流程的绩效，也就是重视客户需要的价值。

2.1.2 流程化管理的内容

流程是流程化管理的核心，也是企业管理工作的基础，企业所有的管理工作都需要流程来驱动。流程可以把相关的信息、数据根据一定的条件，从一个人（部门）输送到其他人员（部门），得到相应的结果，并再返回到相关的人（或部门）。通过一系列的流程化运作，确保不同阶段、不同部门、各个环节的工作都符合要求。

流程化管理是一系列管理工作的集合，它是一个体系，包括的内容很多。具体包括制度管理、资源管理、流程执行、流程监督等。其中，流程执行又包括流程挖掘、流程梳理、流程开发、流程实施、流程优化等子环节。因此，所谓流程化管理的内容，可以理解为是一套以流程为核心的，包含制度、资源、执行、监督、优化等管理手段在内的管理体系，如图 2-3 所示。

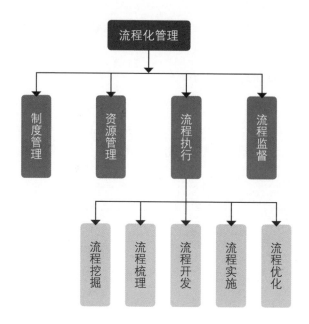

图 2-3　流程化管理体系

企业的流程化管理体系是和战略管理体系同等重要的管理体系，它可以极大地影响公司的业务和绩效。流程化管理者需要具备战略的高度、全局的视角和发展的眼光，建立高水平的、符合战略、管理和业务发展要求的流程化管理体系，以流程为核心对企业的各条业务线进行梳理、整合、优化，推动跨部门的资源协作和业务开展。

管理者需要不断跟进、监控流程的执行过程，发现和分析流程中存在的问题，以流程优化反向推动企业管理架构、资源配置和业务开展过程的优化。

2.2　流程化管理的作用

根据流程化管理的实践，归纳了流程化管理最突出的五个作用：具体内容如下。

① 优化管理，理清工作脉络。

② 疏通渠道，实现信息的高效传递。

③ 规范行为，提高工作效率。

④ 降低成本，节能增效增利。

⑤ 防错纠错，实现零容忍、零失误。

2.2.1 优化管理，厘清工作思路

前面提到很多管理人员在工作时大部分都是混乱的、无序的。实行流程化管理可让管理变得井井有条，让管理者做事情能分清轻重缓急，厘清工作思路，知道什么时候该做什么事情，什么事情需要重点做，什么事情只要交给下属就可以了。

流程化管理对管理者工作思路的梳理，根据职位高低、职责大小可以分为3个层面，分别为高层、中层和基层。对不同职位、不同职责的管理者，优化的重点也有所不同。

（1）高层领导要厘清思路抓重点

企业的高层领导精力集中在了解企业运营现状、明确企业发展方向、制订各项重大决策等方面。但在管理实践当中，很多人却常常"错位"，可能是为了事务的顺利开展，自己冲锋陷阵，事必躬亲，亲力亲为，但等事后就会发现，事情的发展早已偏离了当初预期的方向。

有了规范的流程管理之后，高层管理人员就可以非常清晰地梳理自己的工作"清单"，高屋建瓴地看整体，既见到了树木也见到了森林，实现从"低头拉车"到"抬头看路"的宏观转变。

案例1

某家以研发、生产、销售为一体的综合性企业，整个管理体系中分别设置了采购经理、研发经理、销售经理、人事经理、财务经理和行政经理6个职位，同隶属于总经理管辖范围。

那么，作为总经理要实现对整个企业的高效管理，必须从全局出发，从宏观入手，全面梳理整个管理流程。比如，在具体的管理上，原则上只要管理好6大职能部门，组织、协调和监督好6位部门经理的工作即可。倘若越过各部门经理，事无巨细，去管理一些基层工作那就是本末倒置，从根本上讲就是流程错了。

流程错了，工作效率势必下降，甚至有可能造成矛盾冲突。

（2）中层管理者要发挥好上通下达的枢纽作用

中层管理者在企业里的地位常常十分尴尬，认真执行，管理严格，会招致下属不满；执行不畅，管理不善又会引来上司责罚。当规范流程后，中层管理人员

就会避免受夹板气了；同时，权益也就有了有力的保障。他们对自身的责任、工作范围及目的也会理解得更为深入。在这种前提之下，他们自然会更加积极地投入自己的工作当中。

案例2

以采购经理为例，如图2-4所示为采购经理业务流程图，从中可以看出，部门经理对上应该履行哪些职责，对下又可以行使哪些权力。

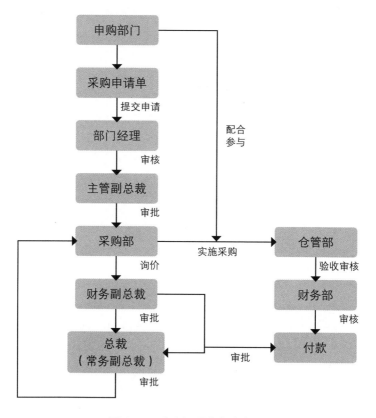

图2-4 采购经理业务流程图

（3）基层要高效简单的执行

当中高层管理者抱怨下属执行不力时，其实基层管理人员心中也藏了很多不满。例如，不了解哪些事情该自己做，哪些事情又不该自己做；哪些问题应该先请示，哪些问题应该立即解决；哪些事情必须优先完成，哪些事情需要打持久战……中高层管理者可能会说命令都已经下达了，你迅速去做就是了，有不明白的地方可以再来问。

可是，在实际工作中，大多数基层管理人员都是闷头闷脑地执行命令，常常会功劳、苦劳都没有，白费力气还得不到任何好处。因此，基层管理者在执行命令之前，至少需要弄清楚：这项命令实际上包含了几项工作；这些具体的工作分别由谁完成；如果某项工作由自己完成，那时限是多长、完成的标准是什么、遇到问题时自己的权限有哪些。

案例 3

我们以生产线上的生产组长为例，生产组长是生产部门管理体系中职位最低的管理人员，是中高层政策、战略的具体执行者，是生产一线的"指挥官"。然而，对一个生产组长来讲，更需要为自己制订清晰的工作流程，以提高执行的效率。

如图 2-5 所示，可以看到贯穿整个产品生产过程的所有流程和各节点，各个节点、责任人及相关说明清晰明了。显然，这样一套流程，就是一套目标明确、责任到人的生产组长管理流程图。

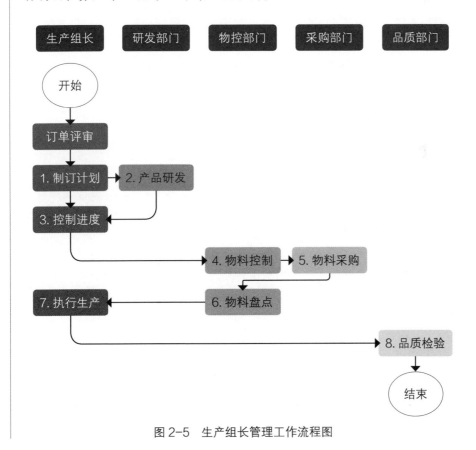

图 2-5　生产组长管理工作流程图

综上所述，清晰、明确的流程可以让企业每个层次的管理人员明确自己分内的事，工作范围与权限有哪些、完成标准是什么，职责、标准一目了然。这将有利于消除企业内的部门壁垒，消除职务空白地带，并且能让全体员工的潜能得到释放、积极性得以发挥，从而大大提高企业的整体运行效率和效益，增强企业的核心竞争力。

总而言之，流程管理的目的就是消除企业内人浮于事、扯皮推诿、职责不清、执行不力的顽疾，确保企业运行有序、效率有保证，让企业管理工作简单高效，保证员工高效执行。

2.2.2 疏通渠道，实现信息的高效传递

高层有政策，基层执行却不力，这是企业中常见的一种乱象，从而导致高层制订的制度决议、战略方针、会议精神再好，也只能流于形式，形同鸡肋。制度决议、战略方针、会议精神这些信息就像一盏盏路灯，可以为企业的发展指明方向，一旦得不到良好的执行，企业这艘大船将会迷失方向。

战略方针、制度决议、会议精神一般先在高层形成决议，然后再一级一级地向下传达，直至执行人处。执行人需要全面学习，认真领会，明确这些信息的真正内涵，然后才能正确执行。然而，很多问题就出在信息从高层向执行人传递的这一过程中。一项项决议在高层形成时都很完美，近乎100%，但在传递过程中由于这样或那样的问题，尤其是在信息传递渠道很不完善的情况下，很多战略方针、制度决议、会议精神便无法保质保量地传递下去。

比如，公司决定对某重点项目执行人施以奖励，计划奖励300万元人民币。然而，执行人在向下传递的过程中，由于缺乏监督并没有100%的执行，每向下传递一级就被消耗掉20%左右（包括合理消耗、非必要消耗）。等传递到最后一个环节时，所谓的奖金尚不足原来的一半。试想，这样的奖励如何能收到预期的效果呢？奖金下发过程中的消耗如图2-6所示。

据调查，传递渠道的不完善已经成了企业高层战略方针、制度决议、会议精神等信息资源无法得到最大化利用的主要障碍。而信息传递一旦受阻，势必会导致某个工作环节出现问题。这时就有必要引进流程化管理，良好的流程可以使管理者清楚地看到这些障碍。

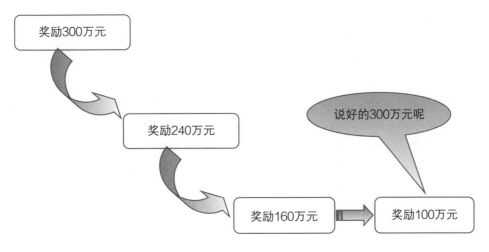

图 2-6 奖金下发过程中的消耗

案例 4

　　某高科技企业对市场信息的依赖特别大，产品更新换代十分快，而每一代产品的更新都必须有足够的市场信息支撑。随着竞争的日益激烈，竞品越来越多，企业急需新产品来打开市场。而信息部门无序的管理开始跟不上企业的发展需求，导致出现了很多问题，最大的问题就是信息滞后，严重影响到了研发部门的效益。

　　据悉，信息滞后并非是信息部门搜集不到新信息，而是由于信息的流转不畅。一个信息往往需要上级部门、多个平级部门充分的研讨、论证和分析才能被使用。而该企业在信息的上传下达上没有完善的制度和流程做保证，一个决议很难及时地传递到研发部门。这样一来，企业上下完全是脱节的，决策层的决议传递给研发部门非常迟缓，从而导致研发部门无法及时获得足够的信息，无法对市场需求有明晰的了解，从而耽误了时机。

　　这样，研发部门只能被动接受，凭借经验、感觉来执行，无形中就降低了生产效率，增加了企业的生产成本。

　　企业高层在意识到问题所在之后，一致认为这种粗放式的、随意性的管理方式再也无法适应企业的发展。于是痛定思痛，组织各部门高管、聘请专家、成立项目组专门研究企业的流程化建设，尤其是针对企业上下、各部门在信息上沟通不畅、使用率过低的问题，最后设计出了一套完整的信息管控流程制度。

公司在实行了新制度后，各项工作很快就出现了好转，工作责任落实到人，部门之间衔接顺畅，信息传递规范、时效性强。这大大提升了研发部门执行的精准性，生产率提高了，产品合格率也大大提升，公司的利润显著增加。

保证信息顺畅地上传下达，实现信息在企业各部门、各个人员之间的集成和共享，对高层决策、基层执行有着重要的引导作用。这个案例告诉我们，企业信息流程化建设有利于企业资源的充分利用，尤其是组织结构较多、业务交叉点较复杂的大型企业，信息在流转过程中会遇到很多阻碍。只有引进科学合理的流程，加以引导、疏通，再加上良好的执行落地，管理效率才会提高。

流程化管理对企业信息流转的促进作用主要表现在3个方面，具体如下。

（1）系统管理，存取便捷

随着信息化时代的到来，信息种类越来越多，产品更新换代越来越频繁，为了更好地掌握、利用信息，必须建立起一套信息管理系统。比如，建立信息数据库，对企业产、销、供各个环节所产生的原始记录、基本数据及统计分析进行科学有序的管理，使之条理化、系统化，既能为目标的改进提供事实依据，也能为科学管理和决策起到智囊团的作用。

在流程优化中有必要专门设置一个信息系统管理环节，由专人集中统一管理。

（2）优化渠道，就近处理

在传统等级控制管理和职能分工管理中，不同岗位上的管理人员都只能处理与自己职责对等的工作，不能跨级处理。这不仅造成了信息传递的失真，而且还会延误时机。有很多信息的时效性是非常短的，任何延误都会造成巨大损失。

因此，流程化管理必须体现出"现场处理原则"，要保证对信息处理的及时性。这一原则要求客户价值信息在哪里发生就在哪里处理，由谁发现问题就由谁负责处理问题，以避免信息在多级传递过程中失效失真。

（3）分散搜集，集中使用

信息通常来源于不同的地域、不同的部门，在使用上也存在侧重点。比如，专场分析报告是市场部、销售部的各项工作的依据，但对于客服部门来说就显得没有那么重要了。但如果某份市场报告的所有权掌握在客服部手中，那么，市场部如果需要的话就会非常不方便，也就是说，部门间无法很好地实现互通有无。

而在大部分企业里，资源是由不同的单位和部门分别占有的，尽管其所有权统一归企业所有者，但其使用权分别由所占有的单位和部门行使，因而使统一的企业资源分割到各个单位、部门的孤立小岛上,致使企业往往因为不能整体性地使用信息资源而蒙受损失。因此,有必要由企业对分散的信息资源进行统一管理、统一调度。

一个企业如果能做到流程与信息管理的良性循环,那么这个企业一定是有生命力的,也必有长远发展的巨大潜力。

2.2.3 规范行为,提高工作效率

对行为的规范是流程化管理最主要的一个作用,也是企业实施流程化管理后,管理者往往最先感受到的一个变化。因为有了流程的约束后,一个人做事情不能再恣意妄为,不能再按照自己的意志和想法随意下决定。

流程要求执行人必须按照既定要求一步一步去做,每个环节、每个节点都有详细的、明确的要求。这就像围绕企业而修建的一条条跑道,目的是帮助员工指引方向,让员工沿着跑道前进,多快好省地达到目的。这在一定程度上保证了执行人必须行为规范,按照要求操守,或各司其职,做好自己的分内工作,或相互配合,兼顾整体利益。

科学的流程管理往往会明确岗位的具体职责、工作内容及工作步骤,从而让执行人明晰地知道如何去做,这大大提升了工作效率。

案例5

例如,一位销售人员接待客户,也许有人认为这项工作很简单,但要想做到最标准、最高效却不是那么简单,其中有很多小细节是绝对不可忽视的。接下来我们就来详细介绍一下接待客户的全部流程,如表2-2所列,图2-7所示。

表2-2 销售人员接待客户的流程

节点	流程	责任人	执行说明
1	确定接待事宜	销售人员	(1)通过电话等与客户提前沟通,确定客户来访的时间、人员以及人数等信息; (2)根据客户来访人员的级别确定接待标准; (3)制订客户接待计划,列出具体接待细节
2	提出接待申请	销售人员	填写接待申请单,报上级主管审批
		销售主管	审核销售人员提出的方案和申请,同意则通知销售人员做好准备,同时通知相关部门给予配合;不同意则需要做出特别说明,或提出修改意见

续表

节点	流程	责任人	执行说明
3	接待准备工作	销售人员	（1）通知相关部门安排接待活动； （2）根据工作的需要安排、确定接待人员
		行政人员	根据申请要求，在客户到达前做好相关的安排，及时与客户联系，了解具体的到访人数，确认是否需用车、订房或其他要求，并及时落实
4	接站	销售人员 接待人员	（1）确认客户的班机（班车）到达的时间、地点，航班号（车次），来访人员的姓名、特征等； （2）落实接站车辆及方式； （3）接到客户后，帮忙提行李上车，根据班次的时间或者客户的需要安排住宿、餐饮的先后次序
5	安排食宿	接待人员	（1）根据路程长短，安排休息或者直接到公司； （2）如先休息，则将客户送达住宿地，主动帮客户提行李、介绍房间，并留下自己的联系方式； （3）根据接待级别，确定相关人员陪同客户就餐
6	参观	销售人员	（1）未引见公司领导之前，在会客厅与客户探讨、商谈合作的意见以及来访的主要目的； （2）根据客户要求安排参观
7	安排领导接见	销售人员	（1）与领导沟通好，确认接见时间、地点，然后带领来访人员与领导见面； （2）见面时，先介绍双方的工作，然后粗略地讲解来访者的主要商谈事项
8	确定洽谈事宜	销售人员	（1）根据实际情况和相关标准，提出合作事项，咨询客户提出的合作事项内容并且做好笔录； （2）双方协商，处理和确定合作事项，并将文案交予双方
		相关领导	在合作事项达成一致后，接待人员适时安排双方领导进行互相道贺的仪式
9	送站/回访	销售人员	（1）销售人员陪同送车； （2）当客户到达目的地后，适时电询相关情况； （3）及时形成报告，并上报领导，以便改进

在这个过程中，销售人员对自己的工作内容能够有清晰的了解，能按照流程一步一步去做，直到完成工作任务。其实，这就是工作效率提升的表现，一件事情如果不按照流程提示去做，它永远无法得到最快速的执行。心里想的也许只是个设想，是一个大致的计划，但绝不是一个完美的执行方

案，真正执行时会发现困难重重。因此，要想将设想、希望变为完美执行，唯一的办法就是流程化，给出明确的执行标准和步骤。

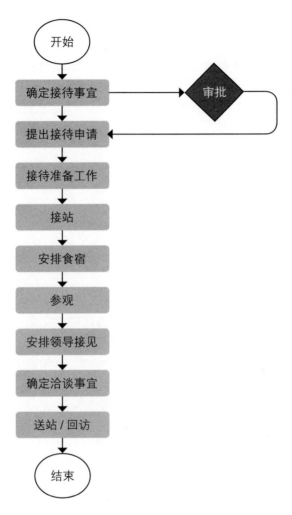

图 2-7 销售人员接待客户工作流程说明

员工行为规范，就意味着工作效率会大大提升，意味着企业执行力和竞争力的增强，这无疑为企业的迅速发展提供了坚实的保障。其实，从某方面来说，执行就是走流程，按照合理的流程执行，也许无法次次都能取得好的结果，但从统计意义上来说，能很大程度上保证不会出错。

2.2.4 降低成本，节能增效增利

有很多企业成本居高不下，原因就在于浪费严重，而导致浪费严重的最根本原因就在于流程不够精简、不够清晰。三步能完成的工作非要十步去完成，浪费也就不可避免。

很多人都听过"三个和尚没水喝"的故事，三个人为什么总是为了谁下山挑水的事情争吵不休？大多数人的思维都停留在和尚懒的层面上。其实，从流程管理的角度来看，关键不在于和尚懒，而在于流程不到位，致使挑水的成本太大。

案例6

我们先想象一下挑水要经过什么样的流程，如图2-8所示。

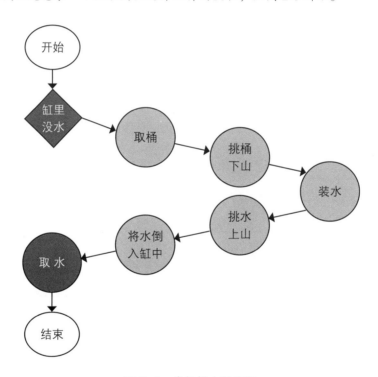

图2-8　常规挑水的流程

从上图可以清晰地看出来，挑一趟水要经历至少5个步骤，其实，为了节约成本很多环节是可以优化的，尤其是上山、下山这个过程。从流程管理的角度看，从取桶到将水倒入缸中这几步都是不增值的活动，要想降低成本完全可以不做这几步，如将上山、下山这个过程转化为"寻找水源"或"挖井储水"等一劳永逸的行为。当有了这样的思路，就可以将其缩减为三个步骤，如图2-9所示。

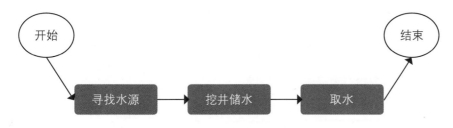

图 2-9　优化后的挑水流程

从上图可以清楚地看到，喝水现在是一件很简单的事情。我们总是想方设法提升取水的效率，但效果不好，无论如何努力都无法突破瓶颈。现在改变一下，从做事情的流程入手，通过"寻找水源"或"挖井储水"这样的优化之后，问题就可得到根本性的解决。换个角度看，只要对不增值的环节进行流程优化就会收到不一样的结果。

企业在实施流程化管理后，由于对管理过程进行有效梳理，屏蔽了一些不必要的环节和节点，减少因为管理混乱带来的反复使用，这在一定程度上节省了人力、财力、物力等，管理成本可能大大降低。尤其是在这个资源有限、成本压力巨大的时代，企业向谁要效益呢？答案就是向流程要效益。通过加强企业流程化管理来降低成本，提高效益。

那么，流程是如何降低成本的呢？主要表现在以下两个方面。

（1）清晰地描述各个岗位的职责和相应的做事方法

用流程图（表）把各个岗位的工作职责描述清楚，做到人岗统一，让执行人一目了然地看到简单高效的做事方法。当执行人清楚自己的职责，明确做事方法之后，只要按照这个方法去执行就可以了。这样不仅有效率，而且能大大减少犯错的可能性。更为重要的是，企业也不必再为付出大量人力而煞费苦心。因为在流程规范下，每个工作都变得简单化，员工通常能胜任。

案例 7

一家企业实施流程化管理之后，把广告策划工作、公关宣传工作、企业文化建设、客户接待工作、售后服务工作等都用流程图描述出来。每项工作都有一个相应的负责人，每个负责人都有一套工作流程，所属部门、岗位职责、所负责的内容，以及在整个流程的什么环节发挥什么作用，都在流程图（表）上有清楚描述，让人一目了然。在这种情况下，每个人只要按照流程去执行，就能很好地完成工作。经过这么一个流程，每项工作都可收到事半功倍的效果。

（2）保证各环节之间的衔接和补位，避免出现工作漏洞

不少企业在实施流程化管理之后，管理执行力大幅度提高，但也出现了一个新的问题。那就是各项工作之间，缺少良好的衔接，一些遗漏环节也没有及时的补位，从而导致执行效果并不那么好。

案例8

仍以上面的案例为例，该公司的广告策划、公关宣传、企业文化建设等工作，通常会存在这样或那样的联系。具体如图2-10、表2-3所示。

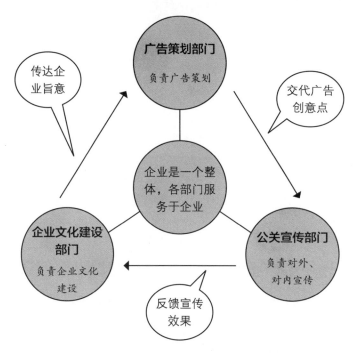

图2-10 广告策划部门、公关宣传部门、企业文化建设部门之间的关系

表2-3 某公司广告策划部门、公关宣传部门、企业文化建设部门职责

部门	职责
广告策划部门	策划广告前需要文化建设部门、公关宣传部门提出相应的策划目标；策划好广告之后，要向公关宣传部门交代清楚广告的寓意何在，以保证公关宣传部门找准广告宣传点
公关宣传部门	宣传企业广告之后，要及时向企业文化建设部门反馈宣传效果
企业文化建设部门	把宣传效果的相关信息，反馈到策划部门，以便及时调整策划方向

在这个循环往复的过程中，三个部门的负责人要做好交接工作，互相之间把必要的细节交代清楚，千万不能抱着"事不关己，高高挂起"的态度。具体怎样交接工作呢？流程图表中可能清楚地描述了，如果没有描述清楚，流程负责人这个时候就要适当地发挥自己的主观能动性，加强自己的责任意识，多一点主动和耐心，这样就能保证流程的各个节点完美衔接。

事实证明，一个企业如果没有科学流程做保障，不但会造成巨大的浪费，还会潜伏很多风险。很多企业都存在浪费现象，其中最重要的原因就是不重视流程化管理。流程化管理可大大降低企业管理成本，只要梳理关键环节、强化节点衔接，利用流程化管理降低管理成本将不再是难事。

2.2.5 防错纠错，实现零容忍、零失误

市场是无情的，消费者是挑剔的，一个企业没有完美的产品，最终的命运就是被消费者抛弃。在消费需求和市场需求的双重压力之下，很多企业提出了"零容忍"战略。顾名思义，零容忍就是坚决不允许出现一点瑕疵，以匠心的态度、精益求精的精神打造产品。然而，很多企业由于没有引进流程化管理的理念，创新流程化管理模式，在实践中很难做到零失误和精益求精。

科学的、严格的、具体的流程是实现零失误的重要保障。企业要想实现零失误的宏伟目标，首先必须实行流程化管理，针对每项工作制订详细的流程。

（1）流程化是企业精细化管理的重要环节

互联网时代，企业进入了微利时代，精细化管理成为必然，也是企业获得利润、站稳脚跟的必经之路。实践表明，很多依靠微利赢得一片市场的企业都是实行了精细化管理。从早期的福特公司到后来的丰田公司，再到国内的联想、海尔、华为等，无不实行了精细化管理，精细化管理已经是互联网时代企业竞争的制胜法宝之一。而企业实行精细化管理，流程化是必不可少的一个环节，甚至可以说没有流程优化，就没有精细化。如果不懂流程优化，或是少了流程优化，那么就无法真正实现精细化管理，精细化管理就会成为一句空话。

那么，精细化管理与流程化到底有什么关系呢？

精细化管理具体到某一企业，就是运用最新管理方法和技术，立足于本企业的实际情况，把工作做细，把产品做精。而企业要想实现精细化管理，必须从优化企业战略、调整组织架构、合理设置岗位、梳理工作流程做起；然后，对工作进行细分，规范工作行为，制订工作标准；最后以局部的流程化带动全面的精细化。

（2）通过对现有流程的梳理，去发现流程中不合理的环节、节点

很多企业认识到流程优化是提升企业竞争力、增强企业内部运营能力的一个有效手段，并把流程优化当作日常运营管理的一个重点。但是，在进行流程优化之后，并没有发现有明显的效果，特别难以形成持续运营和改进。试问，流程优化到底要如何进行呢？其内在规律体现在哪里呢？

流程化管理的重点在于降低失误率，主要是通过对现有流程的梳理，去发现流程中不合理的环节、节点，经纠错、重新修订等方式，从而达到资源合理配置、管理架构合理、管理过程优化的目的。再聪明的管理者也不可能总明确地知道自己该做什么，因为在管理过程中往往会存在诸多无序的管理，而实行流程化管理后可有效地帮助管理者发现问题，解决问题。

第 3 章

流程图的设计
将复杂的理论转化为简单的执行

流程制作是企业流程化管理中最基础的一个环节,然而,并不是人人都会制作流程,有的人为了设计而设计,结果设计出来的流程实用性不强,操作性差;流程的制作有很多要求,如要立足现实,要明确清晰,要衔接顺畅……只有符合一切要求才能保证流程落到实处。

3.1 设计的前提：以企业和业务实际为前提

流程是为解决问题而存在的，因此，它有个重要的前提就是符合企业的实际。管理者在制订工作流程时，一定要遵循"立足现实，实事求是"的原则，保证一切从企业实际出发。

流程不能为要有某个流程而设计，一定要确保其是最实用的、适合工作需要的，否则再好的流程也只能流于形式，无法发挥应有的作用。

流程化设计是建立在满足业务需求基础上的，其目的是确保高效地完成业务，满足客户的需求。业务需求是企业实际情况不可忽视的主要内容，流程的核心就是业务，不懂得以业务为导向，不以业务为宗旨，就是脱离了最大的"实际"。

所谓的"实际"包括两个方面，如图3-1所示。一是企业实际，如企业所属的行业、发展阶段，以及内部管理体系存在的隐患和问题；二是具体业务实际，如该项业务隶属于什么部门、业务类型、工作性质、市场状况、客户需求，等等。

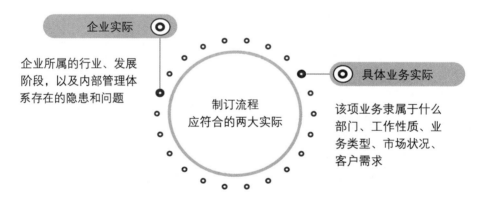

图 3-1　制订流程应符合的两大实际

制订流程时必须符合上述两个"实际"，这是流程最终能被执行、执行效果好与坏的最基本前提。不注意与"实际"相结合，即使流程制订得很完美，执行效果也会大打折扣。

（1）符合企业的实际情况

天下没有完全相同的两片叶子，同样，企业中也没有完全相同的两套流程。

很多管理者十分推崇"拿来主义",习惯直接搬一个模式过来用,但这个模式是不是适合自己的企业呢?这就很难讲。每个企业所属的行业不同,即使行业相同所处的发展阶段也不同,发展阶段差不多的企业面对的市场环境也会有所差异。

因此,在制订管理流程时需要紧密围绕企业实际展开,要做充分的调研、科学的分析,然后再着手进行。

(2)符合具体业务的实际情况

流程的核心是一项项业务,业务是流程的服务对象,没有业务的流程就是一副空架子。因此,制订流程必须先确定"为什么业务而定","希望解决或改善这项业务中的什么问题","是否有利于业务的最终完成"。

案例1

某超市为保证商品上架的速度和准确率,制订了一个详细的商品上架业务流程,尤其是清点这一环节,要求人人负责,每一环节的相关人员都必须清点一次,如图3-2所示。按理说,如此细致的清点,本应该万无一失,可事实却是因经手的人太多,出现了更多的差错。更为关键的是,一旦发生问题,找不到相关负责人,各负责人之间相互推诿,问题丛生,矛盾不断。

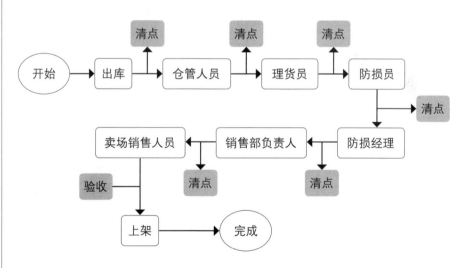

图3-2 某超市商品出库-上架流程示意图

认真分析一下就会发现,该超市的这套商品上架流程是非常繁杂的,不利于业务的高效、及时完成。最大的问题在于,从出库到上架的整个过程,清点次数过多,多达6次。

这就是典型的不符合业务实际的做法，商超、零售业务，最大的特点就是工序多，标额小，容易出错。这时应该尽可能地减少不必要的环节，让商品从出库到上架畅通无阻，减少更多人员的插手。

对此，针对这套流程最好的方法就是减少清点次数，将6次清点浓缩为3次，第1次是配送中心仓管人员清点，第2次是理货员清点，第3次是销售人员上架时清点，其中做好一头一尾的清点、验收工作最为关键。

流程需要根据业务实际不断调整，如果某个环节运作效率非常低下，不利于核心业务的完成，那么就有必要删减或者优化。

总之，管理者在制订某个流程之前，必须遵循实事求是的原则。围绕企业和某个具体业务，以实际需求为基准，并对企业、业务进行科学预测、精准分析，以及兼顾与其他相关环节之间的关系等，保证流程与企业需求、业务需求最大限度的一致。

3.2 设计的目标：节省时间，提升工作效率

流程化管理目标在于优化、完善企业在某一领域的管理工作，并将每项工作程式化，帮助相关人员对自己的工作有个整体掌握，对所要做的工作内容一目了然。然而，有很多企业在制作流程时，忽略了这一点，没有坚持以目标为导向，或者有所偏离，致使制订出来的流程很难为管理服务。

案例2

某报社为了增加报纸的收益，对所发行的报纸做了版面调整，即增加必要的广告版面，且为了尽可能地满足广告部的需求，总编还修改了原先的工作流程，如图3-3所示。让编排部门在设计初版时，要为广告部让步，目的就是为广告部留出时间，让其有充裕的时间做足准备，以使报纸面市后的广告效果最佳。

额外增加广告这一小小的变动打乱了整个出版计划，由于每期广告的上版量不确定，严重影响到了编排部的工作效率，因为他们每次都要等广告部先确定上什么广告、上多少广告而影响正常的工作进度。有时候，编排部已经将版面制作完成，广告部要求临时增加一个广告，增加广告就不得不重新修改版面、删减内容，这就给编排部门造成了极大的压力。

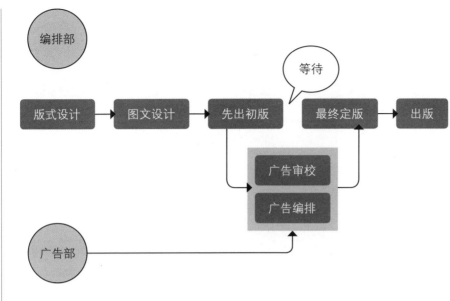

图 3-3　报纸广告版面设计流程

上述流程之所以会影响到整个报纸的出版进程，就是因为主编在增减广告这一环节没有坚持以报纸能否如期出版这一总目标为导向，结果使这一环节与总目标产生了冲突。对于报纸而言，首要目标是如期出版，让读者在第一时间看到最新的消息。因此，按时出版才是工作流程的总目标，一切流程都是为了更好、更快出版。至于广告的编排，如何放、放多少只是这个总目标下的分解目标而已，也应该为总目标让步。

所以，要想优化例子中这个流程，就应先确定"报纸必须如期出版"这一总目标，然后再在这个总目标的指引下，制订所有的工作流程，或对已有的流程进行有针对性的取舍，以保留关键环节。

因此，管理人员在制订某个流程时必须弄清楚一点，即明确这个流程的最终目标是什么。然后在做流程图时一定要认真分析，善于从总体上来把握，才能确保流程的每个环节都坚定不移地跟着总目标走。

在制作工作流程图之前还要厘清思路，抓住重点，确定关键要素。这里介绍一种方法可以帮助管理者抓住重点，即"4W 2D"法。"4W"指的是 Who、What、Where、When；"2D"指的是起点和终点。具体如图 3-4 所示。

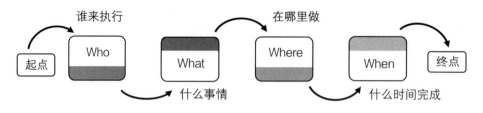

图 3-4 制订工作流程的 "4W 2D" 法

这 6 个要素也可以转化成几个问题，具体如表 3-1 所列。

表 3-1 与 6 要素相关的几个问题

要素	问题
起点	整个流程的起始点是什么？
终点	整个流程的目标（终点）是什么？
What	整个流程的核心是做什么事情？
Who	整个流程中涉及什么角色，都是谁？
When	需要什么时间完成？
Where	需要在什么地点完成？

3.3 设计的落脚点：以结果为导向，一切便于执行

流程不仅要实用，还要逻辑严谨、层次清晰、图文并茂，能让执行者一看就懂，这样才便于进一步执行。否则，不但起不到梳理工作的目的，反而增加了工作的难度。

流程化的主要作用就是将复杂的东西变得简单易懂，如果制作出来的流程图条理不清、步骤混乱，执行者半天看不明白，那所谓的流程图也就毫无用处。所以，设计者在设计流程图时既要准确领会核心业务的精髓，还要注意运用一些绘制技巧、方法。

对于核心业务的把握，前两节已经做过详细阐述，本节重点讲一下流程图的绘制技巧和方法。

（1）要分级

通常来讲，流程图需要分级，最高级为总公司，最低级为某项业务中的一个小事件。从最高级到最低级，要以一级、二级、三级的顺序依次排开。

案例3

某企业要制订总体流程，那么以财务、销售、人力资源等部门为执行主体的财务预算流程、业务往来流程、人力资源管理流程，可定为一级流程。

再进行细分就是二级流程，如人力资源管理流程下的薪酬管理流程、离职流程、招聘流程、培训流程。

三级流程是在二级流程基础上再细分的流程，如市场分析流程、招聘渠道分析流程、新招人员试用流程等，如图3-5所示。

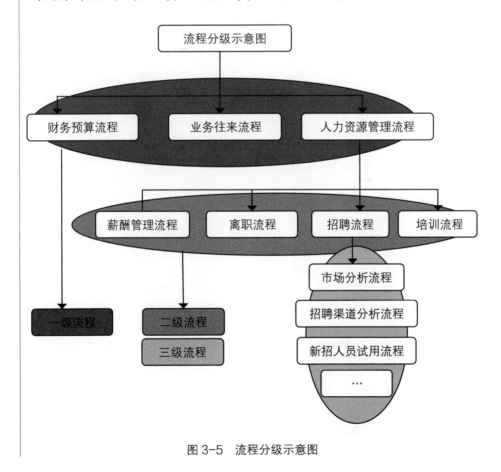

图3-5　流程分级示意图

通常来讲，一个流程只要做到三级就可以了，如果有必要可细化到四级、五级，具体如表3-2所列。

表 3-2　流程的三级细化

流程级别	内容
一级流程	即公司级流程，如公司的财务预算流程、员工管理流程或者业务往来流程等
二级流程	即具体部门级别的流程，如人力资源部门有人力管理流程，技术部门有技术开发流程，市场部门有营销流程等
三级流程	即部门内具体工作流程，如人力资源管理流程中的招聘流程、劳动用工手续流程、统计工作流程等

流程级别之间的节点应环环相扣，不可脱离，上一级流程必须是下一级流程的总节点，一旦脱离出来则无法演化为一张完整的工作流程。

（2）使用多样化的图示

流程图的图示看似很多、很杂，其实是有规律可循的流程图的表现形式大体可分为两类：一类是纵向流程图；一类是横向流程图。纵向流程图，通常表示节点、时间关系，如时间的先后。横向流程图，通常表示节点的内在逻辑关系，例如，同事之间的协同合作关系、部门与部门之间的隶属关系等，都可以用横向流程图来表示，如图 3-6 和图 3-7 所示。

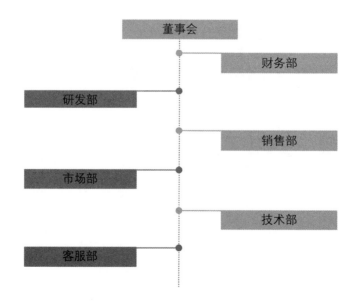

图 3-6　纵向流程图的表现形式

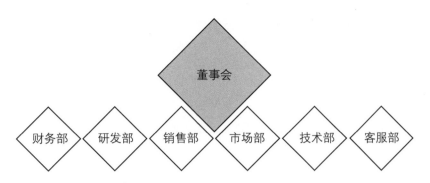

图 3-7　横向流程图的表现形式

通过纵向流程图、横向流程图的表现形式，可以一眼看出流程节点之间的关系。不过，什么情况下用纵向流程图表示，什么情况下用横向流程图表示，通常没有明确的要求，日常工作中两者可以通用。除非特殊流程图，或企业上级有明确要求。

在具体的图示中，还经常用到椭圆、菱形、梯形等特殊图形，这些图形是组成流程图的主要元素，且分别表示不同的含义。下面就将常用的形状及其所表示的含义简列，如图 3-8 所示。

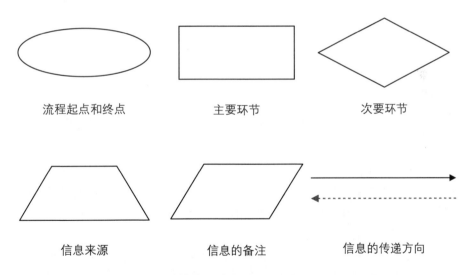

图 3-8　常用图示的形状及其代表的不同含义

在制作流程图前，制作者可根据业务的工作内容、重点及要点，采取不同的表现方式。比如，工作步骤的要求可直接体现在流程图中；对于工作结果的格式要求，也可灵活运用，可用格式模板体现；对于时间、程度、方法、指标等要求可在合适步骤的描述中体现等。不同的表现方式也可以使流程图更加直观明确、通俗易懂。

（3）借助专业工具

如process On、Visio等，这些工具是专门用于流程图制作的软件，系统的优势在于规范性、准确性，便于深入理解、记录和分析信息、数据、系统和过程，利用这些知识做出更好的业务决策。

使用这些专业工具制作流程图时可以用现有的模板、数据，按照不同需求生成有个性的图表，包括各种业务的流程图、网络图、数据库模型图和软件图。这些模板可用于可视化和简化业务流程、跟踪项目和资源、绘制组织结构图、映射网络、绘制建筑地图以及优化系统。在模板中制作流程图非常简单，只要用鼠标将选用的形状拖放到绘图区域中即可以完成，或者在 Visio 等系统里制作完成后，全选、复制、粘贴在流程图表格框内。与应用 Word、Excel 等其他 Office 软件系统一样，非常简单方便。

以上方法和技巧都可以最大程度上美化流程图，只要善于套用，灵活运用，一定能制作出美观、大方的流程图，令所有人耳目一新。值得一提的是，在追求流程图的美观时也不能忽略了内容，不能只为追求美观而影响到流程之间的逻辑联系，破坏流程进程的自然顺序。内容决定形式，形式影响内容。内容准确，流程衔接自然，工作有条不紊，才是我们追求的目的。

3.4 设计的基本要求：节点之间衔接要紧密

一棵枝繁叶茂的大树，有主干也有诸多枝叶，且主干与枝之间、枝与叶之间相依相存。流程图就像一棵树，每个流程线是主干，每一个节点就是枝叶，一棵树要想健康生长，主干、枝、叶不可分割，一个科学、合理的流程图，节点之间也必须环环相扣，紧密衔接。

精准定位，梳理各个流程环节的节点，让其一环套一环，成为一个整体，是制作管理流程图的要求之一。然而，在很多企业管理者身上，缺乏的正是这样一种精细化的运作方法。制作出来的管理流程节点设置不合理，有时画蛇添足，有时缺少必要的衔接点，让某部分管理区成了"真空地带"。

下面以一家饭店的"点菜流程"为例进行分析：

案例 4

某饭店的出菜速度相当慢,引起了客户的不满,其实这是因为做菜流程出了问题。客户点菜后,服务员会按照客户的要求出具一份点菜菜单,并将其放到指定地点;然后厨师按照点菜菜单做菜,这时他还需要做一个小分工,即将凉菜分配给助理去做,自己负责热菜。同时,他还需要吩咐其他助手准备食材,并开展择菜、洗菜、切菜等工作环节,每个环节都有明确的分工,由不同的人去做,如图 3-9 所示。

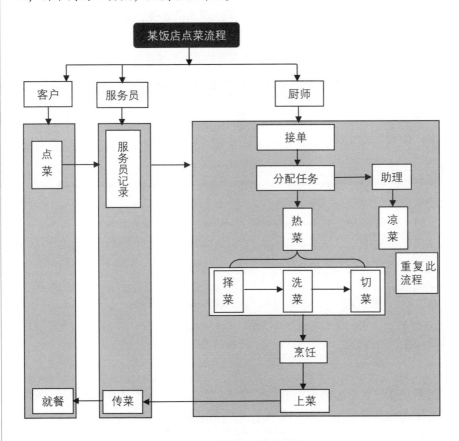

图 3-9 某饭店点菜流程图

这个流程看似很完美,分工明确,各司其职,但仔细查看却是有问题的。最大的缺点在于节点之间已经出现了断档,即当厨师把所有工作分配给助手后,自己完全处于闲置状态,只有等所有人将辅助工作做完后,厨师才开始烹饪。在其他助手择菜、洗菜、切菜这部分时间就是断开衔接点的地方,也是出菜时间被大大延长的关键所在。其实,当菜品较多时,各项工作完全可以同时进行。

流程节点过多，节点间的衔接不顺畅，必然会增大整个流程的运转难度，当某一流程结束后无法顺利进入下一个流程。所有的流程都不是独立存在的，它是一个完整的体系，而体系与体系之间的衔接靠的就是节点，因此，节点的衔接度非常重要。

节点之间的衔接通常靠的是某个内在的逻辑关系，由上至下、由整体到部分、由宏观到微观、由抽象到具体等，在制作流程图时必须厘清这些关系；流程之间如果没有逻辑关系，出现避重就轻、本末倒置的现象，"衔接"就容易出现问题。

流程节点间的衔接问题，主要表现在以下 5 个方面，如表 3-3 所列。

表 3-3　流程节点常见的 5 大衔接问题

问题	解释
节点过多	例如，某企业财务部门审核一些单据，需要多个环节的审核，如预算员、会计科主管、总稽核等，这就有可能会导致环节与环节之间节点过多，出现工作的多次重复。假如，去掉其中几个节点，最终由总稽核审核确定，则可大大提高工作效率
跳跃过大	这类问题较为常见，是指在两个环节之间缺失了一个必要的步骤，如对于培训流程缺乏评估环节，对于设备采购缺乏试运行环节等。"环节跳跃"与"缺失关键控制点"和"缺乏必要的信息反馈"有所区别
顺序不合理	例如，某企业的年度经营计划制订流程中，各分厂先向总部计划管理部门上报计划初稿，再与设备管理、安全管理等部门协商进行调整
缺少关键控制点	对于重要事项的控制环节缺失。例如，计量仪器的购买缺乏质量部门的审核环节，劳保用品的发放缺乏超标审核等
缺乏必要的信息反馈	有的需要进行信息反馈的工作缺乏信息反馈，在一些人力资源相关岗位调整、考核等流程中，容易出现这一问题

对于企业流程管理来说，节点衔接是个大问题，需要立即解决，一旦解决不好，整个工作就会陷入混乱。那么，如何做才能最大限度地保证节点的衔接度呢？可从以下 3 个方面入手。

（1）明确界定的业务流程范围

在制订工作流程之前，需要先确定一个关键节点，即讲清楚这项工作的范围，这也是最基本、最顶层的业务流程。顶层业务流程是这项工作的概括性的表达，但请注意这里的业务全局不见得是公司整体的业务，而是所界定好的业务范围。

比如，超市的日常运作流程图，若所界定的业务范围是面向顾客收款，那么这就是顶层业务流程图。但若界定的是整个业务运作，那这显然只是一个子集，而超市的采购、供应商管理、一级库存管理等工作则不能列入其中。

（2）先从顶层业务分解开始

顶层业务流程图的梳理原则一般有3个。首先，界定主项业务范围内的全局性，以及该范围内的关键节点。其次，分析分解流程图中应该包含哪个关键节点。最后，将顶层流程图分解出来的关键节点细化分解下去，生成二级、三级的流程分解图。

案例 5

某生产企业的进、销、存业务流程，在对其进行分解时，根据进销存的主业务分解出第二、第三、第四子流程。当分解到第四层，如果认为再细分下去，关键的节点已经很少时就不必再分解了，这时可以将下一层节点直接作为上一层节点的某一环节并列处理，如图 3-10 所示。

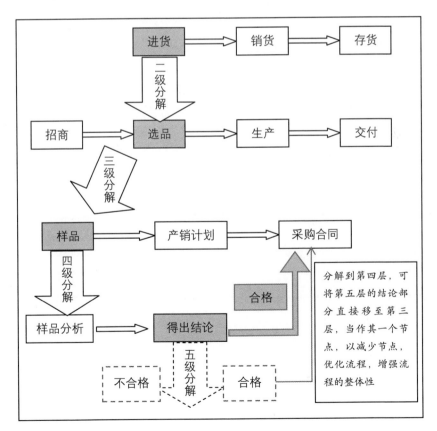

图 3-10　流程分解图

（3）不断优化流程

有些企业的流程从发布之日起就没有变过，以至于不适应工作实际。流程不是一成不变的，相反要随着业务的发展变化而不断优化，一方面是因为公司的业务在发展，另一方面是流程本身存在的一些缺陷。不适合实际需求的节点要及时删除，同时也要增加新节点以使流程更完善。

因此，在企业流程化管理中，有必要设置专门的人或部门来管理流程，对企业的每个流程给予持续的关注和改进，使流程时刻处于最佳状态。

3.5 设计的效果：让每项工作都真正落到实处

如果我们把企业中的某项工作流程看作一个整体的话，流程中的每一个环节就是它的组成部分。一个流程通常由诸多环节构成，正因为此，企业管理人员在制订工作流程时往往会犯两个错误：一是流程的系统性比较差；二是系统的主体不明确。系统性差，是指流程缺乏整体统筹，对于需要统一规划的相关流程没有进行整体考虑。

例如，生产部门、财务部门、物料采购部门，有时候一项工作需要多个部门合作完成，而由于企业往往会将这几个流程单独运行，从而造成相关工作执行起来效率十分低下，尤其是一些不必要的空中环节，不利于工作的落实。

案例6

某企业库管人员在接收供应商的来料时发现，其送来的原材料比采购单上规定的数量多出一部分。多出来的原材料本应直接返运回去，但该供应商为减少来回运输的成本，提出希望企业能额外接受这部分材料，价格可以在原来的基础上进行优惠。

对此，库管人员无权决定，于是向采购部经理请示，采购部经理认为这种材料价格很高，需要征求财务部门的意见，于是咨询财务部相关人员能不能支付这部分款项。

财务部的人员在得知这件事情后表示，按照财务流程，这批材料款很难直接支付，只能按照采购单上的数字支付。

采购部经理又将这一事情报知生产部，目的是了解一下生产计划，生产部只是按计划生产，表示对此也无法决定。最后，采购部经理不得不将这件事情报知副总，没想到副总正好在外地出差，只是在电话中告知其与生产部、财务部共同商量，先拿出一个方案来。

就这件事情，一来二去耽误了一周的时间，直到副总出差回来，将三个部门的主管召集在一起开了一个会，这个问题才真正得以解决。解决的办法是生产部额外增加一批订单，财务部另划拨一笔货款。

该案例显示出来的问题是流程设计过于繁杂，主体不突出，节点之间的衔接不够畅通。这样的流程不仅浪费大量的精力、时间，办事效率还不高，关键是令很多工作很难落到实处。一项工作需要由两个及以上部门配合完成的，各部门只管自己分内的事，这样很容易造成多头管理。多头管理就是没有管理，如果用一个流程图表示上述案例的话，可参考图3-11所示。

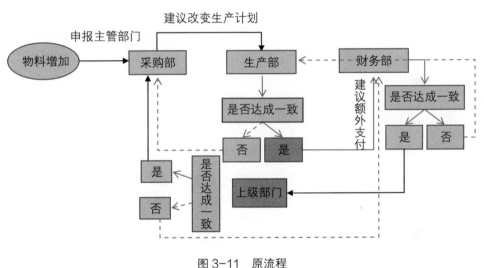

图3-11　原流程

对此，可对该项工作进行流程优化：制订层层上报请示的管理流程制度，不但要求下级要向上级请示，平级之间如果有业务来往只需要通知一下即可，如图3-12所示。

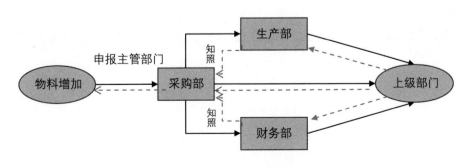

图3-12　优化后的流程

如何才能使流程化管理从对人负责转变为对事负责？需注意以下 3 个要点。

（1）减少不必要的环节

对于流程当中具体规定的事务，具体的执行者是相应负责人，因此只要符合流程规定，就不必请示，应快速通过。所以，在制订流程时就要考虑到，减少不必要的请示和确认环节。而执行流程的人，必须对事情负责，而不必对包括自己上级在内的任何人负责。有效地减少不必要的请示和确认环节，才能实现流程的高效运行。

（2）只按流程做事，不按命令做事

流程管理不同于传统管理的一项新规则是流程大过总经理。也就是说，员工只需按流程做事，而不必事事等待上级命令；各级管理人员按照流程规定，该审核签字的时候，就认真审核，不该过问的时候就不过问。如果企业最终形成了这样的企业文化，那各项事务必定不用催就能在规定时间内高效完成。当然，要想做到这一点，企业不仅要完善各项流程制度，还应将流程落到实处，不按流程做事的人一律按制度处罚。

（3）领导不可过多干预

无论是部门管理人员，还是企业的中高层领导，在具体的流程面前都没有特殊权力，不能拿职务、身份压人，随意下命令。只要员工是按流程办事，领导就应该支持。当然，领导一旦发现员工执行流程有误，也要当机立断，按流程对具体负责人进行问责或处罚。按照正常程序，无论是审单、收单还是调整订单均属调度职务范围之内的事，按照这一流程，调度只要按订单排产、备料即可。如有上级要求为某一紧急订单加急备料，必须按照相应的加急备料流程来下单，否则其无权插手具体事务。

3.6 要兼顾过程，重视结果但也要重视过程

流程化管理要的是结果和过程并重，过程体现结果，只有做好过程才能实现最终结果；结果指导过程，只有时时以结果为指导才能做好过程。两者相辅相成，缺一不可，只有这样，企业的效益才会有保障。

为了更好地理解两者的关系，我们以种树的流程为例进行详尽的分析。

案例 7

种树的整个流程大致可以分为 3 个步骤，分别为 A 挖坑、B 放树苗、C 浇水培土，最终完成。而这个结果不是单纯地由第三步直接导出来的，而是在所有步骤基础上共同形成的一个结果。不同的导向会产生不同的流程，前者产生的流程图如图 3-13 所示，后者产生的流程图如图 3-14 所示。

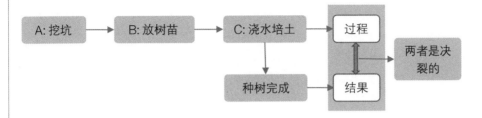

图 3-13　第 1 种种树流程图

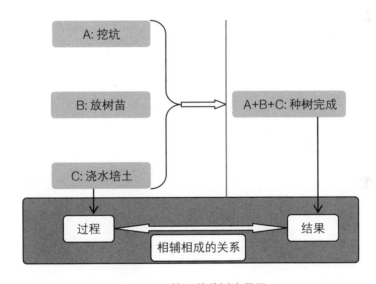

图 3-14　第 2 种种树流程图

由此可见，企业管理者若想做好管理的流程化改革，必须兼顾过程和结果两个方面。

(1) 营造以"结果为导向"的工作氛围

没有结果的执行是没有价值的，纵然员工会为执行不力找很多借口，推脱责任。但管理者必须让员工认识到问题的根本所在，关键不在于找出谁是谁非，而是要敢于把责任承担下来，谋求减轻损失的办法。

当员工的执行出问题之后，关键不是追究员工的责任，惩罚员工，而是马上指导员工纠正错误，为保障最终的执行目标顺利完成而努力。相信管理者如果经常这么处理执行中的问题，久而久之，企业就会形成以结果为导向的执行风气。

（2）打造以"执行至上"为原则的团队精神

韩国三星集团之所以能够在1993~1994年快速发展，与其前会长李健熙的强势推动关系重大。李健熙曾在"新经营运动"会上强调："除了我的妻儿，从现在开始，我会改变一切。"这就是执行力，也是管理者的影响力，他在给员工树立表率，为的就是打造一支优秀的执行团队。

我们知道，没有哪个教练可以坐在办公室里指挥球员赢球。一个团队的执行力的灵魂在最高管理者那里，如果管理者积极为大家做执行的表率，那么这个团队将爆发出巨大的执行力。

因此，做好流程化管理工作，首先要在管理上下功夫，避免为了执行而执行。需要注意的是，采用了流程化管理不等于会一劳永逸，还要强化员工的执行思想和执行意识，使他们的执行是源自内心的真实想法。

第4章

行政部门管理流程设计关键词
删繁就简，提升效率

行政部门是企业中的重要职能部门，好的行政管理工作可以为企业实现正常、有效运转提供后勤保障，也为企业其他部门的工作提供支持和服务。因此，行政管理工作往往是企业十分重视的，也是将其作为提高企业运营水平的一个关键点。

4.1 行政部门流程化管理的作用
——将管理者从繁杂的工作中解放出来

行政部门每天都会收到来自其他部门的文件、资料,并需要将其进行整理、分类、归档、保存。然而,很多行政管理人员工作效率很低下,造成文件积压、过期、失效。这常常会对企业的整体工作造成很大的负面影响。也正因为此,很多企业在行政管理工作中会引入一种新的管理方式——流程化管理,以提高行政人员的工作效率。

行政管理工作涉及企业的各个层次、各个部门及每位员工,其工作范围可以覆盖企业管理的每个环节。因此,企业管理者必须全面认识行政管理工作的重要性,以便更好地发挥行政管理工作的效能。

流程化管理,可以使繁杂、琐碎的行政工作清晰起来,先后分明、主次有度,有助于行政人员对整体工作的掌握,只要看到流程图便能一目了然,知道先做什么、后做什么。可见,流程化管理对行政工作的开展具有重要意义,具体体现在3个方面,如图4-1所示。

图4-1 行政工作流程化管理的意义

(1)提高行政管理能力

任何企业,若想提高企业的行政管理能力,必须加强企业行政管理体系建设,建立一个健全的工作制度,以规章制度的形式提高行政工作效率。

这些制度包括岗位责任制度、行政办公管理制度、收发文管理制度、会议管理制度、出差管理制度、企业台账管理制度等。

建立健全的规章制度是企业行政管理的基础工作,企业应根据自身发展的需要选择适合当前运营状态的规范化管理模式,并且随着发展不断加以调整改革。

遗憾的是,很多行政管理人员不了解、不熟悉自己所在企业的业务流程,制订的规章制度常常脱离各部门实际，发布的规定无法推行或根本不宜推行，甚至引起其他部门的反感和排斥。为改变这种状况，行政管理部门应深入了解各部门业务，增强为企业第一线服务的观念，与各部门保持良好的合作关系。

（2）提升行政工作效率

行政管理人员在企业中起着上传下达的作用，行政管理人员的各项素质、能力直接影响着企业行政管理的水平，因此企业高层管理者要选拔优秀的行政管理人员，这也是现代企业行政管理的一个制胜法宝。

（3）优化行政工作职能

行政管理人员要发挥好管理、协调和服务的职能。在管理上，行政部门应在公司的经营理念、管理策略、企业精神、企业文化、用人政策等重大问题上积极发挥作用。例如，积极收集和整理相关信息，并及时提供给管理者。主要包括国家政治、法律、经济、政策规定，市场需求、消费结构、消费层次的变化，竞争企业信息、科学技术发展信息、突发事件等，为管理者的决策提供支持。

在协调方面，行政部门应主动做好上与下、左与右、里与外的沟通，在充分沟通的基础上做好协调。同时，行政部门应该牢记自己的主要任务是为实现企业目标而服务，为整个公司领导和员工服务，做好"幕后英雄"。

4.2 行政管理工作流程化设计的主要内容

企业的行政管理工作总体上讲是比较繁杂、琐碎的，涉及企业各个部门、多层面的工作，其范围可以覆盖企业的所有运作过程，涉及企业每位员工的切身利益。因此，企业管理者必须全面认识行政管理工作的重要性，以便更好地发挥行政管理工作的效能。

案例1

某公司欲对庞大的行政部门进行改革，并任命刘刚为行政部经理。刘刚具有多年的行政管理经验，上任后，刘刚结合公司的战略目标以及公司的实际情况，建立了一套完善的行政管理体系，制订并完善了公司行政部门的各项管理制度、岗位责任制度、工作程序以及一系列规范化表格、图表等，从而建立起公司行政管理部门的"法治"秩序。

流程化、规范化的行政管理体系，在很大程度上减少了各部门与行政部门之间的摩擦，使公司整体工作效率大大提升。

案例中的刘刚可以说是一名优秀的行政管理人员，将行政管理工作做得井井有条，为企业发展提供了有力支持，值得我们学习。

那么，在日常工作中，如何做好行政管理工作呢？不妨从以下 5 个方面入手。

企业行政工作主要负责行政事务和办公事务，具体包括日常接待管理、办公用品管理、收发文管理、印章使用管理、会议管理等日常事务工作。具体如图 4-2 所示。

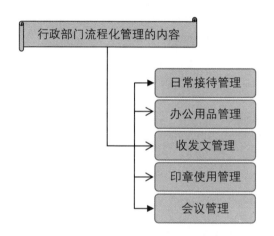

图 4-2　行政部门流程化管理的内容

由于行政部门的工作繁多，内容错综复杂，因此在行政部门通常会出现部门间职能划分不够清晰、部门间职能相互交叉的问题。例如，由于行政办公室职能及其工作的特殊性，很多临时性的后勤保障事务往往也都交由行政办公室予以完成，为此行政办公室承担了很多职能外的工作。因此，企业行政部门在清楚自身岗位职责的同时，还要密切关注部门内部的结构调整和职能划分，充分发挥好部门的作用，提高部门内部的工作效能。

4.3 行政管理工作中常用的管理流程

4.3.1 日常接待工作流程

日常接待是行政工作内容的重中之重，在很多企业，为了更好地提高接待部门的日常工作效率，为客户提供高质量、高体验的服务，行政部门需要积极配合接待部门，做好"后勤供应"工作。日常接待工作是企业的窗口，一言一行无不体现着企业的形象。接待是一项细致而重要的公关工作，是企业公关管理的必要一环，一个企业在他人心中第一印象的好坏，往往看初次接待工作是否做得细致到位。

所以，从管理层面来看，也需要相关制度和流程做保证，没有完善的制度和流程，很多接待工作将处于混乱状态中。

日常接待工作流程如图 4-3 所示。

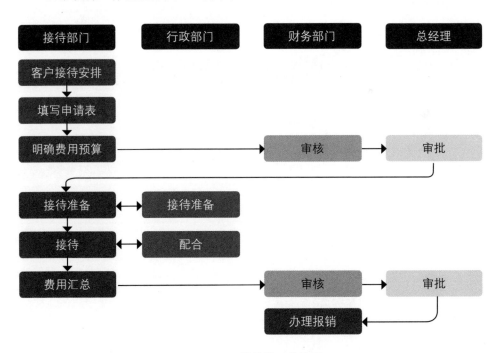

图 4-3　日常接待工作流程

从流程图可以看出，行政部门在日常接待工作中承担着协助者的角色，帮助接待部门做好接待准备工作。那么，行政部门需要做好哪些准备工作呢？通常有3项。

（1）确定接待场所

在接待工作前，接待部门需要确定并布置好接待场所，保持接待场所的整洁、干净。在特殊情况下，还有可能使用到专用场所。这时，接待部门需要先向行政部门提出申请，作为行政部门，在接待部门申请材料充分的情况下，应及时做好批复工作。

（2）提供所需的物品

接待工作中所需的物品通常需要行政部门的直接提供，或间接配合提供。但由于客户类型不同，接待部门确定的接待规格不同，不同的接待规格所需的物品也是不一样的。这时，行政部门就需要根据接待规格来确定提供什么样的物品，确定相应的接待规范，避免规格过高或过低。

接待规格一般分为3种，如表4-1所列。

表4-1 常见的3种接待规格

接待规格	含义
高规格接待	指主要陪同人员比客人的职位要低的接待。如上级领导或主管部门领导、重要客户的最高领导到公司视察、考察，宜采取高规格接待
低规格接待	指主要陪同人员比来宾的职位要高的接待。如上级领导派工作人员来了解情况、传达意见，或是其他企业派人来商议重要事情等，需采取低规格接待
对等接待	指主要陪同人员与客人的职位同等的接待。这也是最常用的接待规格

（3）安排接待人员

接待工作需要什么样的接待人员陪同，这是有严格要求的，不仅要根据客户而定，还需要综合企业实际情况而定。而接待人员的甄选由于涉及多部门，往往需要行政部门组织和协调。接待人员的甄选标准通常有以下4个，如图4-4所示。

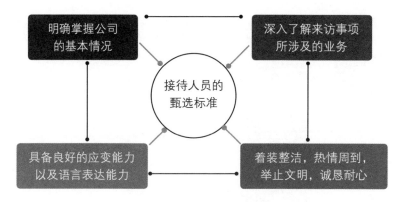

图 4-4　接待人员的甄选标准

附 日常接待工作流程所涉表单（附表 4-1）

附表 4-1　客户接待申请表

客户单位	职位	联系方式	来访性别		来访人数	来访时间	离开时间	车辆		住宿标准	
			男	女				自驾	公司接送	标准	价格
备注											

4.3.2　办公用品使用流程

办公用品是企业日常管理中必备的消耗品，但由于用量大、品种繁多、更换频繁，很多企业在这方面的管理比较混乱，浪费现象比较严重，大大增加了企业的管理成本，降低了工作效率。

为保证办公用品的高效利用，行政人员必须对办公用品进行流程化管理，尤其是使用流程，规范各部门乱用、乱领现象。

办公用品使用管理流程如图 4-5 所示。

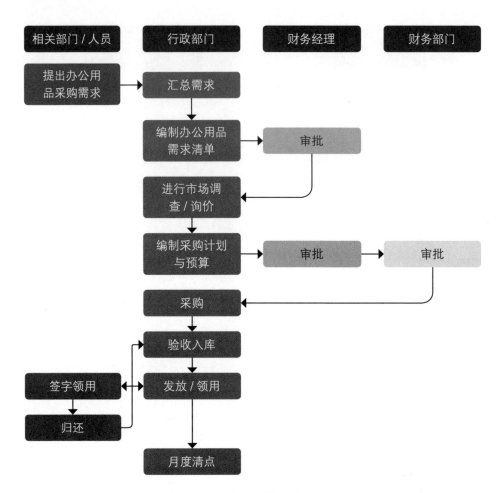

图 4-5 办公用品使用管理流程

（1）办公用品的申请流程

办公用品的申请一般分为普通办公用品的申请和大宗办公用品的申请，两者的申请流程是不一样的。

①普通办公用品申领流程。办公用品一般由行政部门统一支配，企业各部门使用前必须按照规定程序申请，经行政部门或者上级指定的部门审核后，才可认领使用。具体流程如图 4-6 所示。

登记单上需要详细填写领用物品的名称、规格、数量、用途、领用时间等事项，并在领用人一栏中签字。与此同时，行政部门在审核时必须做到"谁领用、谁签字、谁负责"。申请合格后，根据使用部门的申请数量，及时足额发放。申请不合格的，退回申请，并说明理由。

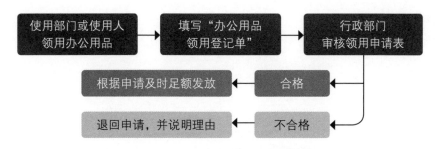

图 4-6　普通办公用品申领流程

② 大宗办公用品的申领流程。为保证办公用品满足办公需求，行政部门应根据整个公司的实际情况、工作性质，以及以往的工作规律列出特殊的使用计划，如数额巨大、资金量较大的大宗办公用品。对于大宗办公用品一般采用先申请后采购的政策。使用部门或使用人提出申请，经主管部门、上级部门批准后，才另行采购、发放。接下来，看看大宗办公用品的申领流程，如图 4-7 所示。

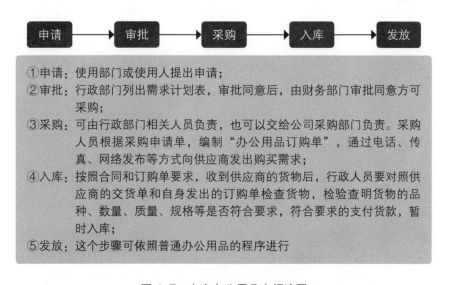

图 4-7　大宗办公用品申领流程

（2）办公用品申请所涉及的表单

办公用品的发放是严格规定发放时间的，在使用部门或使用人提出申请之后，还要兼顾时间性和公司的发放规定，在规定时间按时分发。同时，还要做好发放登记，写明发放日期、品名与数量等，看发放品是否与申请表保持一致，等等。

附 办公用品使用流程所涉表单(附表 4-2～附表 4-6)

附表 4-2　办公用品采购登记表

编号：　　　　　　　　　　　　　　　　　　　日期：　年　月　日

序号	名称	数量	单价	总金额	购买部门	购买日期	合同号	交货日期	交货情况	供应商

附表 4-3　办公用品入库登记表

编号：　　　　　　　　　　　　　　　　　　　日期：　年　月　日

日期	用品名称	数量	采购人员	收货人员	备注

填表：　　　　　　　　　　　审核：

附表 4-4　办公用品领用登记表

编号：　　　　　　　　　　　　　　　　　　　日期：　年　月　日

编号	名称	规格	数量	领用部门(人)	领用时间	备注
1						
2						
3						
4						
…						

保管员：　　　　　　领用部门(人)：　　　　　　部门主管：

附表 4-5　办公用品发放单

编号：　　　　　　　　　　　　　　　　　　日期：　　年　　月　　日

名称	部门	数量	规格	发放部门（人）	发放日期	备注

保管员：　　　　　领用部门（人）：　　　　　部门主管：

附表 4-6　办公用品盘点登记表

编号：　　　　　　　　　　　　　　　　　　日期：　　年　　月　　日

编号	名称	规格	数量	单价	上期结存		本期购进	本期发放	本期结存		备注
					数量	金额			数量	金额	

主管：　　　　　　　　　　　　　保管员：

4.3.3　发、收文管理流程

收发文件是行政部门的主要工作之一，也是文书人员进行文件管理必须做的一项基础性工作。为了建立一个易用、安全、高效的文件管理体系，切实维护公文的权威性，大多数企业会对文件的收发流程做严格的规定。

（1）发文处理

发文是指行政部门的相关人员按照上级或各部门的工作要求下发或平发、上报各类公文的过程。对文件的内容、层次、文字进行审核，以保证公文质量不出差错。同时，也需要负责把好用印关，不按照发文程序印制公文的，办公室一律不予编号用印。

发文的大致流程是：拟稿单位或拟稿人拟出初稿，经上级领导会签、审核；合格后核稿、编号；而后打印校对；用印、登记；文件分发；传阅、催办；文件发放；文件查阅；最后立卷归档。具体如图 4-8 所示。

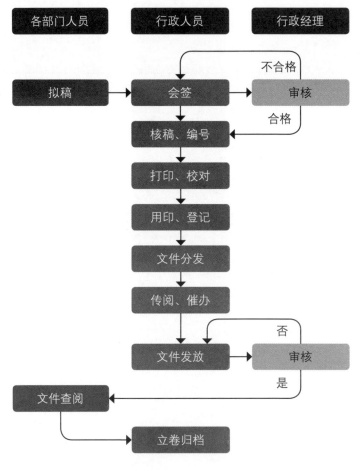

图 4-8　发文流程

值得注意的是，整个流程需要多部门、多人员配合完成。在整个流程中，包括很多节点，不同节点的工作由不同的部门或责任人负责，分别承担分内的事务。具体工作内容如表 4-2 所列。

表 4-2　行政办公室发文工作流程说明

流程节点		责任人	工作说明
1	拟稿	各部门人员	（1）承办部门草拟文件的初稿； （2）领取"发文呈批表"，填写拟稿人、部门、标题、附件、主送、主题词
	会签	行政人员	（1）以公司名义发文时，部门负责人需在公文稿纸"核稿"栏签字； （2）凡涉及其他有关部门事宜的，需事先与有关部门会签、核稿或只会签
	审核	行政经理	审查是否全部履行会签职责，并签字确认
2	核稿、编号	行政人员	（1）对草稿的体例、内容等进行全面的审核； （2）对文件进行编号登记
3	打印、校对		（1）对签发过的文稿进行印制； （2）一校由起草者进行，二校由核稿人员进行，三校由部门负责人进行
4	用印、登记		（1）在制成的公文上加盖机关公章，要求"上不压正文，下要骑年盖月"； （2）将公文的特征和办理情况进行登记
5	文件分发		建立发文登记簿，严格履行收文人签字手续
6	传阅、催办		（1）按照程序将公文送有关领导阅知或者指示； （2）对公文的承办情况进行督促检查
7	文件发放		将公文发放给承办部门
	审核	行政经理	决定是否可以移交
8	文件查阅	各部门人员	承办部门查阅文件，并按照批示情况进行处理
9	立卷归档	行政人员	将发文流程中形成的文件连同文稿一起，按照正文在上、草稿在下的顺序收集、整理，按文书档案管理的要求整理归档

（2）收文处理

收文，是指按照工作要求签收来自上级或平级、下级的来文，并以一般通知、明传电报等形式及时传送各部门、各负责人的过程。为切实提高办事效率，保证工作顺利进行，行政人员在处理公文传递时要求高效、快捷、随收随办、特件特办，不得拖延或丢失公文，造成不良后果的，追究有关人员责任。

收文的一般流程是：先进行文件登记，分类整理，经上级领导审核合格后向上呈报，然后经更高一级领导审阅后传阅下去，最后由相关人员具体负责办理，资料存档。具体处理流程如图 4-9 所示。

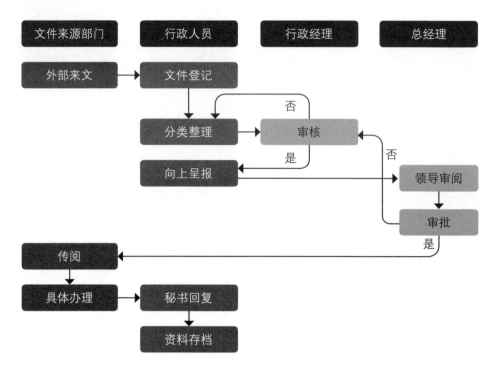

图 4-9 收文的一般流程

同发文一样，收文的整个流程也需要多部门、多人员配合完成。不同节点工作由不同部门或责任人负责，承担分内的事务。具体工作内容如表 4-3 所列。

表 4-3 行政办公室收文工作流程说明

	流程节点	责任人	工作说明
1	外部来文	各部门或外部人员	（1）收到上级单位或者部门文件； （2）收到各部门文件
2	文件登记	行政人员	签收文件，并对来文进行编号、登记、分类，填写文件处理单
2	分类整理	行政人员	（1）文件拆封后，对照"发文通知单"核对文件种类和份数，有回执的，在回执单上签字； （2）检查文件是否有未装订、缺页或手续不全等差错，一旦发现及时向发文单位查询
2	审核	行政经理	初步审核文件，提出文件拟办意见，并签名
3	向上呈报	行政人员	（1）传阅件送相关部门和人员传阅； （2）会签和急办件送相关部门处理； （3）领导阅批件送公司领导

续表

流程节点		责任人	工作说明
4	领导审阅	总经理	（1）认真阅文，弄懂、弄清文件要求，并提出处理意见； （2）需办理件，要写清承办单位、承办要求、承办时限等； （3）需阅知件，要提出阅知范围； （4）需传达件，要提出传达范围和时间； （5）需复印件，要提出翻印份数和发放范围等； （6）最后要签名、注明时间
	审批		
5	传阅	各部门或外部人员	传阅并签名，传阅完毕行政部门收回
6	具体办理		如有阅批意见，要按领导的意见，做好补办工作
	秘书回复	行政人员	根据领导批示进行处理
7	资料存档		将整理好的案卷向档案室移交，移交时履行审定、交接手续

附 发、收文管理流程所涉表单（附表4-7~附表4-11）

附表4-7 文件发放登记表

序号	文件名称	发放部门	文件编号	份数	发放日期	发放人	备注

附表4-8 文件签收登记表

序号	文件名称	来源部门	文件编号	份数	签收日期	签收人	备注

附表 4-9 文件审核单

NO.:

发文机关：　　　　　　　　文件编号：　　　　　　份数：　　年　　月　　日

文件标题		文件性质	□紧急　□急件　□普通 □绝密　□机密　□保密
内容摘要			
附件名称		发文对象	
呈报部门		呈报人	
呈报部门意见			
相关部门会签意见			
分管领导审批			
总经理批示			
董事长批示			
备注			

附表 4-10 签呈事务备查表

年　　月　　日　　　　　　　　　　　　　　　　　　　　NO.:

编号	签呈日期	签呈部门	签呈人	呈报日期	卷号
内容摘要					
主管部门批示					
总经理批示					
董事长批示					
备注					

附表 4-11 内部联络单

主题			发文部门	
发文日期		发文字号	批示	
发文意图	□联络　□通知事项　□征集意见　□协同推进			
发文至				
联络内容				
回复				
发文	经办人：	签收部门：		签收日期：
说明	1. 内部联络单用于不需长时间保存的联络文件； 2. 联络内容宜简明扼要			

4.3.4 印章使用管理流程

印章，代表着一个企业的权威，象征着特定的职权，在法律意义上更是赋予了法律凭证的职责和权力。为维护企业印章的权威性、严肃性和安全性，保障企业的正常权益和工作的顺利进行，必须做好对印章的管理工作。

企业印章除财务专用章由财务部门独立管理外，其他的都由行政部门专人专管，行政部门不太完善的企业通常会在总经理办公室下设一个印章管理职位。总之，对印章进行管理是行政部门的工作内容之一。

要想做好印章的管理工作，行政人员必须明确印章的管理流程，如表 4-4 所列。

表 4-4 印章使用管理流程

	流程节点	责任人	工作说明
1	填写用章申请表	用章人员	当业务或个人需要用章时，要填写"印章使用申请表"，提交部门负责人审核
2	审核	部门负责人	（1）审核是否符合用章要求； （2）不符合，则通知用章人员并说明原因； （3）符合，则判断印章类别，如使用部门章则直接用印（如使用的是公司章，则需上报行政部门审核签字）

续表

流程节点		责任人	工作说明
2	审核	行政部门	（1）对于一般性介绍信及身份证明，须经行政经理或公章主管人员审核签字； （2）对于重要文件用章，须呈报相关领导审批签字
		相关领导	在权限内审批
3	加盖部门章	用章部门	通过审批后，领用印章或到印章保管人处盖章
		行政部门	审批通过，按规定加盖印章。对加盖公章的材料，应注意落款单位必须与印章一致，用章位置恰当，要骑年盖月，字组端正，图形清晰
4	用章登记	用章部门	申请人填写"印章使用登记表"，印章保管人员应在使用登记台账上做好使用记录，登记备案
		行政部门	
5	资料归档	用章部门	用章完毕，及时归还原处，同时登记归档
		行政部门	

印章管理是有严格章程的，尤其是在使用上。如果印章的使用没有严格的规定、规范的操作流程，重则会给企业造成巨大的财产损失，轻则会给企业未来发展埋下"隐患"。行政人员作为企业印章的重要保管者之一，需要建立一套科学的印章使用流程，强化、规范对印章的使用管理，具体如图4-10所示。

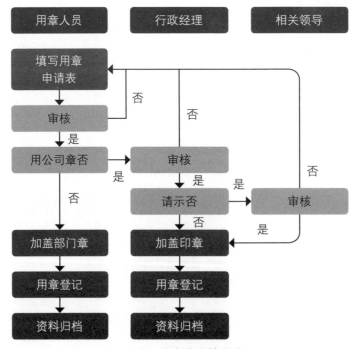

图4-10　印章使用管理流程

附 印章管理流程所涉表单（附表 4-12～附表 4-14）

附表 4-12 印章使用申请表

编号： 申请日期： 年 月 日

部门		申请人		核准人	
文件类别					
文件名称					
文件份数					
文件说明					

附表 4-13 印章使用登记表

编号： 登记日期： 年 月 日

用章日期		发文号		使用人		批准人	
文件名称							
印章类别							
用章事由							

填表人： 审核人：

附表 4-14 印章使用审批表

编号： 日期： 年 月 日

编号		用章部门		盖章时间	
印章类别		盖章次数		文件发文号	
文件名称					
备注					
用章人（签章）			批准人（签章）		

注：请在备注栏中简要说明用章用途

4.3.5 会议管理流程

会议是企业领导工作的一种重要方式,是解决问题的手段之一。行政部门是会议筹备、组织、协调和具体执行者,通过一系列的管理手段,保障会议正常有序地进行。作为行政人员,应该认识到会议的重要性,正确地对会议进行管理。

会议管理是一项非常有序的工作,它需要行政部门和相关部门、相关领导密切配合来完成。具体的流程如图 4-11 所示。

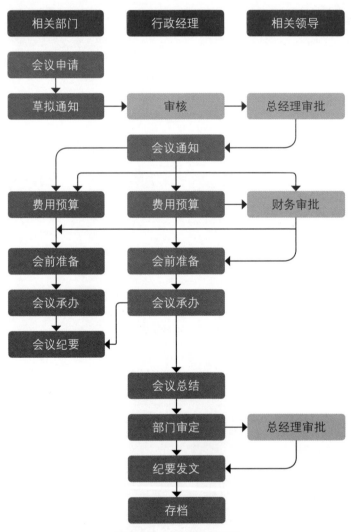

图 4-11 会议管理流程

为了提高会议的效率,有必要加强会议管理,做好会前准备、会中控制和会后跟踪三个环节的工作。

(1) 会前准备

① 明确会议的目标。会议的目标越明确越具体越好。比如,会议目标"探讨如何在10月底之前将产品不良率由目前的5%降低至3%"就比"探讨如何降低产品的不良率"更加具体、明确,会议讨论的效果也会更好。

② 确定会议议题。会议议题是指根据会议目的确定要讨论的话题或决策的对象。确定会议议题应遵循4项原则:一是议题必须紧扣会议目标;二是议题数量要适中,不能太多,也不能太少;三是各项议题之间保持有机联系,并按照议题解决的逻辑顺序排列;四是明确讨论各项议题所需要的时间。

③ 确定与会人员。主要指确定与会人员的人数和结构。对于决策型会议,为了保持成员之间良好的互动,会议成员一般不应多于10人。一般应邀请下列人员参加会议:对会议主题有深入研究或对情况较为熟悉的人;对会议目标达成起关键性作用的人;能够客观和积极地发表个人见解的人。

④ 确定会议的基本程序。确定会议的基本程序,就是明确会议先做什么,后做什么,再做什么。一般在安排会议议题顺序时需要注意的是:主要的议题往前排,相对次要的议题往后排;时间紧迫的议题往前排,时间余地大的议题往后排;需要与会者高度集中讨论的议题往前排,与会者兴趣较大、已经掌握相关知识的议题往后排。

⑤ 安排会议时间和地点。在会议时间安排上需要考虑何时召开会议、会议持续多久的问题。确定会议召开时间需要考虑与会人员是否能够出席和会议效率的问题。会议持续时间不宜过长也不宜过短,过长,人容易疲劳;过短,有一半的议题还没有讨论会议就结束了。

另外,要特别注意会议地点的选择,通常来讲应考虑如下因素:

会议规模的大小和人数多少,交通是否便利,是否不受外界干扰,是否有足够的停车场,是否有必要的会议设备等。

此外,会前准备还需做好准备会议资料和发放会议通知的工作。

(2) 会中控制

会中控制指有效控制会议的安全和会议成员的行为,确保会议如期、及时地召开并进行。最好能安排专人控制现场,严格要求准时开会。如果有些人迟到,记录下那些迟到的人,给他们适当的压力,促使他们日后改变。

另外,也需要对会议过程进行必要的控制,如记录与会人员的发言,及时发现其发言中有价值的部分,对他们的观点进行记录,强化和鼓励他们的行为。为避免领导发言给后来发言者造成的心理压力，可以考虑把领导发言安排在下级发言之后。

（3）会后跟踪

会议结束后，应将会议内容整理成会议纪要，会议纪要应包括相关部门应承担的责任、责任人、完成时间及验收标准等内容。会议的关键在于落实，应根据会议纪要的内容检查会议决定的落实情况，使会议做到议而有决、决而有行、行必有果。

附 会议管理流程所涉表单（附表 4-15 ~ 附表 4-17）

附表 4-15　会议内容审批表

申请单位：		科室：		负责人签字：		申请时间：	年　月　日

会议名称	
会议内容	
会议地址	起止时间
参加人员	
其他项目	
是否用餐	□是　□否　用餐形式　　　　　用餐人数
会议经费预算	经费来源
审核依据	
审核审批意见	董事长审核意见　　　总经理审核意见　　　直属领导审核意见 　　（章）　　　　　　　（章）　　　　　　　（章）
有关要求	

附表 4-16　会议纪要模板

会议名称：　　　　　　　　　　　　　　　　　　　纪要编号：

时间	年　　月　　日　　时	地点	
主持人			
参与人员			
会议主题			
会议要点			
会议内容			
参会单位（部门）		相关人员签字	

附表 4-17　会议费用开支明细表

会议时间：　　　　　　　　　　　会议地点：

序号	费用类别	项目	单价	数量	金额	备注
1	主要费用	会议场地费				
2		与会人员餐费				
3		与会人员交通费				
4		与会人员住宿费				
5	公杂费	条幅/资料印刷费				
6		水果/礼品				
7		台签/台布/其他必要设备				
8		咨询费				
9	其他	…				
10		…				

经办人：　　　　　　　　部门经理：　　　　　　　　总经理：

第 5 章

人事部门管理流程设计关键词
人尽其能,物尽其用

对人和事进行管理,这是人事部门的核心工作。假如一个企业的所有人员,从高管到基层员工,每个人工作都非常积极,富有激情,极具创造性;企业所有资源,包括有形的、无形的,如资金、技术、营销渠道等,每一项的价值都能得到充分挖掘和利用,做到人尽其能,物尽其用。那么,该企业的管理一定是最高效、最科学合理的,运营能力也肯定不会弱。

5.1 人事部门流程化管理的作用
——充分发挥企业中的人才和资源优势

要实现对人、事进行高效、科学的管理必须对所有工作流程化。人事部门工作的流程化对企业人事管理具有很大促进作用，具体表现在以下 4 个方面，如图 5-1 所示。

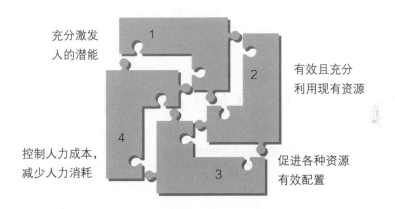

图 5-1 流程化管理在人事工作中的 4 个作用

(1) 充分激发人的潜能

现代企业管理推崇"以人为本"的理念，这种理念可通过人力资源管理来体现。毕竟，人事部门的工作重点就是对人的管理，通过人岗匹配，使人力资源得到最大利用，岗位工作扩大化与丰富化，或劳动环境优化，让每位员工以最饱满的热情去工作，从而提高工作效率。

(2) 有效且充分利用现有资源

通过人力资源管理可以使企业资源合理配置，促进生产、管理的有序进行，从而大大避免盲目性。也就是说，人力资源管理活动可以使企业的资源利用以一种科学、合理的方法进行，有利于资源得到更充分的开发和利用，减少浪费和不必要的消耗。

(3) 促进各种资源有效配置

企业资源一般由人力资源、财力资源与物力资源组成，其中人力资源是最关键的一部分。可将其他各种资源进行有效的整合，使多种资源以最高效的方式进行结合，以便在生产经营的过程中发挥最大作用。

（4）控制人力成本，减少人力消耗

人力资源管理中有一项主要的成本——人力成本。这项成本包括生产经营中的人工成本、人力资源管理费用等。如果对这笔费用实施有效的管理，做好整体规划，严格控制预算、核算、审核、结算、控制等，便可以大大降低企业的用人用工成本，达到最终削减生产经营成本的目的，从而也为企业在市场竞争中以更低的价格抢占市场奠定基础。

5.2 人事管理工作流程化设计的主要内容

要想了解人事部门工作流程化设计的内容，需要先了解一下人事部门的主要职责及日常工作内容。这些都是整个部门工作进行流程化设计，有序开展的对象和基础。

人事部门工作的内容主要有人力资源总体规划、员工招聘、员工培训、绩效考核、员工薪酬与福利、员工劳动合同管理等方面。概括起来有6方面，如图5-2所示。

图 5-2　人事部门工作的 6 项内容

（1）人力资源总体规划

人力资源总体规划，是人事部门对企业人力资源利用进行战略性计划的一种安排，是在企业发展总战略、总目标的指导之中，在市场形势变化和实际需求分析和预测的基础上进行的一种战略性思考，是对企业人力资源重大问题、长远方向、全局的统筹计划和安排。

（2）员工招聘

员工招聘，是根据企业人力资源规划、企业发展需求和用人部门需求，采取一些科学的方法寻找、吸引应聘者并从组织内部和外部吸收人力资源的过程。这是人力部门开展人力资源开发与管理的第一项工作，也是开展所有管理工作的起点。

（3）员工培训

员工培训，是指企业为开展业务及培育人才，对员工进行有目的、有计划的培养和训练的管理活动。人事部门是员工培训的具体组织者和策划者，要根据企业需求、被培训人员的需求进行不同阶段的、多形式的培训，如岗前培训、在职培训和脱产培训、公开课、内训、委派培训等。

（4）绩效考核

绩效考核是人事部门一项主体工作，主要负责对企业全员进行绩效考核后的评估工作，并根据考评结果进行反馈，为用人部门制订奖罚、晋升或降职、辞退规定提供依据。然而，由于这项工作量庞大，技术性极强，且烦琐复杂，给人事经理造成了很多不必要的麻烦，严重阻碍了工作的正常开展，影响考核结果的公正性和客观性，因此急需实施流程化管理，对其进行梳理。

（5）员工薪酬与福利

员工薪酬与福利管理是对企业有关薪资标准、福利待遇等相关制度和问题的管理。薪资管理，是指企业制订合理的工资发放制度及系统，包括不同员工的薪资标准、薪资的明确组成部分、发放薪资的政策、薪资发放办法和原则、对该员工工作评价制度和薪资评价制度等。福利管理，是对员工间接报酬的管理，包括健康保险、带薪假期或退休金等形式。这些奖励作为企业成员福利的一部分，奖给职工个人或者员工小组。

对薪酬与福利进行有效管理和流程优化，对企业和员工而言都是有利的。对于员工而言，薪酬与福利起着保障、激励以及价值实现等方面的功能。对于企业而言，薪酬与福利是控制经营成本、改善经营绩效以及提高竞争力的重要手段。薪酬与福利的管理已经成为企业的一种激励、管理手段，人事部门的主要责任在于帮助制订和设计薪酬和福利计划，并对其进行管理、协调，以帮助其得到执行。

(6)员工劳动合同管理

劳动关系管理集中表现为对劳动合同的管理,以及员工的升迁、调动、辞退等。劳动合同是员工与企业之间的契约,是个人成为企业员工的起点。从此,个人与企业之间形成雇用与被雇用的关系。合同的签订与管理是人力资源开发与管理的重要工作,包括管理员工档案、实行劳动合同、企业用工、劳动标准、社会保险及劳动争议等。

除了上述6大内容外,还有一项最基本的工作是人事经理不能忽视的,即员工职业生涯规划。指导和帮助员工设计、实现职业生涯,尽管不属于人事经理的常规任务,但人事经理作为人力资源管理工作的主管,也必须给予员工充分的指导,为他们提供信息支持,为实现员工职业生涯创造良好的条件。

为了更好地理解,我们可以梳理下人事部门整个管理工作的流程,如图5-3所示。

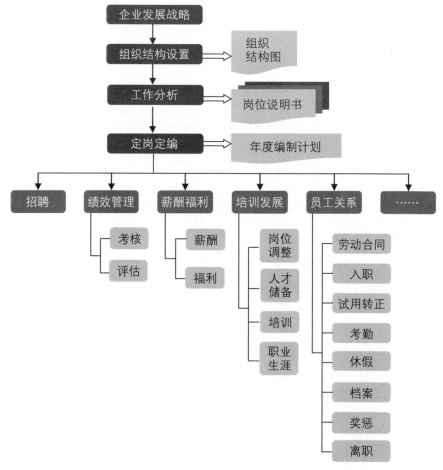

图5-3 人事部门管理工作总流程图

5.3 人事管理工作中常用的流程模块

人事工作流程是个整体，但细分后却很多，如招聘、培训、考核等各项工作基本都自成一体，由不同的人事人员负责。因此，人事工作的各项细分工作之间虽然有很多联系，不可分割，但又相对独立。

要想做好整个人事工作的流程化设计，必须先做好每项细分工作的流程，建立起每项工作的流程标准，确保各项工作执行到位，顺利执行。

5.3.1 招聘与录用流程

招聘是企业引进外部人才的重要途径之一，而这一工作通常是由企业人事部门的招聘人事人员来完成。负责招聘计划的制订和实施，如发布招聘启事、确定招聘渠道、搜集招聘简历、面试筛选、发送录取通知，等等。同时，为了保证招聘工作的有效性，人事部门必须按照规定的程序进行，与用人部门以及其他部门做好沟通配合工作。

人事部门招聘工作流程如图 5-4 所示。

招聘工作流程化设计看似很简单，所涉的相关部门和人员也不多，然而在具体设计时却并不那么容易，有很多细节需要注意。

比如，与用人部门的沟通是否明确、清晰，是否存在信息重叠或缺失的情况。再如，一些环节、节点设置是否科学，是否合理，有些环节是否非常有必要，这时可听取相关工作的人员反馈，如被招聘者的感知和意见，以进一步提升设置合理性。最后是流程执行的问题，可从分析招聘工作在每个节点的实际流转时间着手，找出影响流程效率的问题所在，并分析其原因，从而有针对性地改进。

为了更好地设计一套招聘流程，有必要了解一下该流程中包括哪几个环节、节点，以及每个环节、节点的责任部门（人）、工作说明，如表 5-1 所列。

流程让管理更高效
流程管理全套方案制作、设计与优化

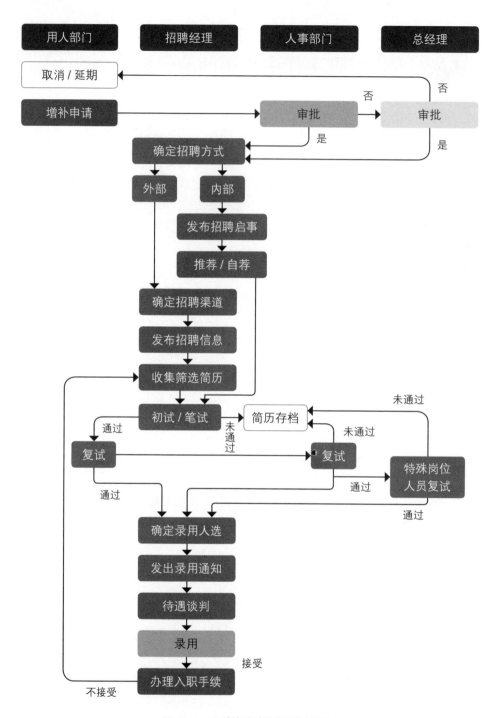

图 5-4 人事部门招聘工作流程

表 5-1 人事部门招聘工作流程节点相关说明

	流程节点	责任人	工作内容
1	增补申请	用人部门	当某部门因调动、流失等而出现职位空缺时,用人部门领导首先要判断是否影响部门工作,如果需要及时增补员工,则需提出增补申请,填写员工增补申请表,提交上级领导审核
	审批	主管领导	审核用人部门提出的用人申请,同意则实施招聘;不同意则需报告总经理审核
	审批	总经理	审核分管领导提交的用人申请,同意则实施招聘程序,不同意则退回用人部门,取消或延期招聘
2	招聘	人事部门	(1)人事部门根据上级领导的意见以及用人部门所需岗位的岗位说明书,确定招聘方式,一般包括内部招聘和外部招聘; (2)如确定为内部招聘则对内发布招聘启事,内部员工通过推荐或自荐的方式应聘,参加面试/笔试; (3)如决定采用外部招聘方式,首先确定招聘渠道(校园招聘、招聘会、媒体招聘等),之后发布招聘信息,收集筛选应聘简历,确定面试/笔试的应聘人员
3	初试/笔试/复试	人事部门	不论是内聘还是外聘,人事部门都需进行初选,安排应聘人员参加面试或笔试,通过者安排复试,未通过者将简历存档
		用人部门	进行复试,人事部门提供相关支持
		主管领导	复试,人事部门提供相关支持
		总经理	对应聘特殊岗位人员(如招聘高层管理者)进行复试,审核
4	确定录用人选	人事部门	汇总用人部门及上级领导的意见,确定录用人选
5	发出录用通知	人事部门	发出录用通知,并通过电话、电子邮件等方式通知应聘成功者到公司面谈
6	待遇谈判	人事部门	根据企业薪酬管理制度,与录用者商谈薪资待遇等问题
7	录用	人事部门	确定最终录用人选,通知入职
8	办理入职手续	人事部门	办理入职手续(建档、发放相关用品、签订劳动合同等)

招聘工作流程所涉表单（附表 5-1～附表 5-6）

附表 5-1　招聘计划表

编号：　　　　　　　　　　　　　　　　　　　　　日期：　　年　　月　　日

××部门招聘申请表						
申请部门			部门经理（签字）			
申请原因	□员工辞退	□员工离职	□业务增量	□新增业务	□新设部门	
^	说明：					
^	工作内容	1				
^	^	2				
^	^	3				
^	工作经验	1				
^	^	2				
^	^	3				
^	专业知识	1				
^	^	2				
^	^	3				
^	语言表达			性格要求		
^	开拓能力			写作能力		
^	电脑操作			外语能力		
面试情况	面试时间			面试地点		
^	考试方式			时程安排		
^	人员情况	职务		录用时间	临时录用	
^	^	名称		^	短期录用	
^	^	人数		^	长期录用	
上岗日期（预定）						
薪酬预算（预定）	基本工资		其他收入		其他津贴	
诉求方式（拟订）						
应聘人员资料审核方式						
准备事项						
费用预算						

附表 5-2　职位说明书

××职位说明书					
一、基本资料					
职位编号		职位名称		职级	
所属部门		填写人		部门审核人	
人力资源部审核人		批准人		批准日期	
二、职位关系					
直属上司职位					
直接和间接下属职位					
直接和间接下属类别					
三、职位概述					

四、职位职责		
主要职责	协助职责	备注

五、职位权限

附表 5-3　员工增补申请单

编号：　　　　　　　　　　　　　　申请日期：　　年　　月　　日

申请部门		申请人	
申请增补人数		到岗日期	
增补原因			
增补要求			
部门主管意见		日期：	
人力资源部意见		日期：	
总经理审批意见		日期：	

附表 5-4　面试通知单

面试通知单

_____先生 / 女士：

　　您好！您通过_____公司面试前的初步审核，现正式通知您到公司参加面试，请带好个人证件。面试时间：____年____月____日

　　地　　址：_____

　　联系人：_____联系电话：_____

附表 5-5　录取通知书

录取通知书

_____先生 / 女士：

　　您好！感谢您应聘我公司岗位，经过面试甄选，公司决定正式录用您，我们真诚地欢迎您加入！具体报到事项安排如下：

　　一、报到资料

　　1._____；

　　2._____；

　　3._____；

　　4._____。

　　二、报到时间、地点和联系人

　　请您于____年____月____日____时前至_____公司行政人事部报到，联系电话：_____。

　　三、试用与转正

　　所有通过外部招聘加入企业的员工须进行试用期考察，试用期均为__个月。试用期间如果员工因自身问题或由于其他客观因素决定离开，须提前__日提出，并按规定办理相关手续。如果员工的工作无法达到职位要求，不符合录用条件的，公司会降级使用或提前__天告知解除劳动关系。如表现良好，试用期满前人力资源部会适时执行转正审批流程。

　　四、其他

　　在公司工作期间，当您的个人信息（包括姓名、家庭地址、电话号码、户籍、培训结业、职业资格证、个人邮箱等）发生变更或需要补充时，请及时告知公司行政人事部，以保证您的相关权益不受影响。

　　请在接到本通知后准时到公司报到，逾期未报到视为自动放弃本次工作机会。

　　　　　　　　　　　　　　　　　　_____有限公司行政人事部

　　　　　　　　　　　　　　　　　　　　　　　　____年____月____日

附表 5-6　新员工入职表

编号：　　　　　　　　　　　　　　　　　　　日期：　　年　　月　　日

新员工入职表			
姓名		性别	出生年月
籍贯		工作岗位	
联系方式	电话：	其他：	
上岗日期		试用期限	
部门意见	负责人签字： 日期：		
人事意见	负责人签字： 日期：		
总经理意见	负责人签字： 日期：		
备注			

5.3.2　员工培训流程

　　员工培训是企业为提高员工素质、能力和工作绩效而实施的有计划、有系统的教育和再教育活动。新员工入职、员工晋升、绩效改进等都离不开培训，所以，企业培训及其管理是人事部门不可忽视的工作内容。

　　培训工作通常是一个系统的、长期的过程，是人事部门按照企业总战略，在全面、客观分析培训需求的基础上，根据一定的程序，对培训时间、地点、培训老师、培训对象、培训方式以及培训内容等加以策划、组织和执行的过程。

　　那么，这些管理活动如何顺利开展呢？企业培训工作通常由人事部门组织、策划，培训 HR 执行，具体流程如图 5-5 所示。

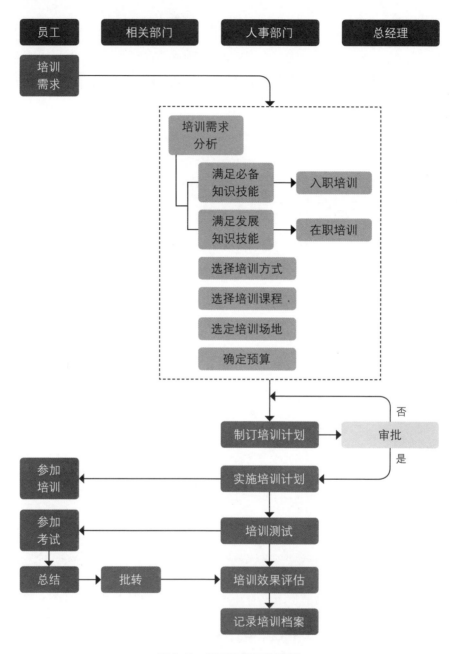

图 5-5 员工培训工作流程

在整个培训流程中有 5 个环节是重点，需要执行人员格外注意。这 5 个环节分别为培训需求分析、制订培训计划、调整培训计划、执行培训计划、培训效果评估等。具体负责人与工作内容如表 5-2 所列。

表 5-2　员工培训管理流程说明

流程节点		负责人	工作内容
1	培训需求分析	相关部门员工	部门员工根据培训目标对自身技能提升需求情况进行分析，各职能部门汇总培训信息，并填写"培训申请表"，向人事部门提出培训申请
2	制订培训计划	人事专员	（1）采用观察、座谈会、深度访谈等方法，了解参训员工素质水平和需求的真实情况； （2）根据员工素质水平和企业要求，确定参训人员，了解其性格特点和能力提升水准，确定培训内容； （3）根据以上信息选择培训方式、培训课程、培训场地，并确定相关预算
3	调整培训计划	审核培训计划	人事经理/主管领导	对培训计划进行评审，由人事经理/主管领导在1个工作日内对是否批准执行做出决定
	优化培训计划	人事经理/主管领导	根据审核结果，针对不满意的地方进行优化，并结合企业实际需求，调整培训计划
4	执行培训计划	培训的实施	人事专员	参照培训计划书及培训实施方案，有条不紊地实施培训；出现异常情况，及时向上级提出建议，并请示处理意见
	培训的测试		通过笔试、实际操作等方式测试培训效果
5	效果评估培训	相关部门	提供有关支持
		人事专员	（1）设计考评表，根据各项目及权重设计，对培训效果进行有效评价； （2）对受训者的表现、业绩进行调查分析，形成初步评估报告，提出意见，并交由上级领导审核，以便日后改进； （3）总结培训经验、教训，将相关文件、资料存档，以备日后培训工作的开展和资料查阅

附 员工培训流程所涉表单（附表 5-7～附表 5-10）

附表 5-7　员工培训计划表

培训编号：

部门：			
批准：	审核：	拟定：	
培训名称		培训时间	
培训课时及讲师			
课程	讲课时间		讲师

参加人员_____人及名单

部门	职务	姓名	部门	职务	姓名	部门	职务	姓名

附表 5-8　新员工培训计划表

编号：　　　　　　　　　　　　　　　　　　　日期：　　年　　月　　日

受训人	姓名		培训师	姓名	
	学历	培训时间		部门	
	专长			职称	
序号	培训时间	培训天数	培训项目	培训部门	培训员	培训日程及内容
1						
2						
3						
4						
5						

附表 5-9　在职员工培训表

编号：　　　　　　　　　　　　　　　　　　　　日期：　　年　　月　　日

培训类别	序号	培训项目	培训时间（月）													课时	累计课时	培训师	培训对象
			1	2	3	4	5	6	7	8	9	10	11	12				
技能培训	1																		
	2																		
	3																		
	4																		
素质培训	5																		
	6																		
	7																		
	8																		
…	9																		
	10																		

附表 5-10　员工培训效果评估表

编号：　　　　　　　　　　　　　　　　　　　　日期：　　年　　月　　日

受训人姓名		所属部门		培训讲师	
培训课程				培训日期	
培训收获					
现状及存在的不足					
拟采取的改进计划	改进内容			改进时限	
				一个月	
				一季度	
				半年	
				一年	
				其他	

续表

改进效果评价	
自我评价	
直接上级评价	
综合结论	□效果显著（10分）　　　　□效果一般（7~9分） □改进较小（5~7分）　　　　□基本无改进（5分以下）

5.3.3　员工考勤流程

考勤制度几乎是每个企业都在实行的一种最基本的员工管理制度，是企业人事部门考勤人员对本企业员工的上班、下班、早退、加班、请假等出勤情况进行考察和管理必不可少的依据。

考勤人员需要根据企业对员工规定的相关制度，制订具体的考勤计划、考核计划等。如工作日、上下班时间、请假、加班、出差等。同时将相关考勤结果及时上报给上级部门和相关部门。考勤工作具体流程如图5-6所示。

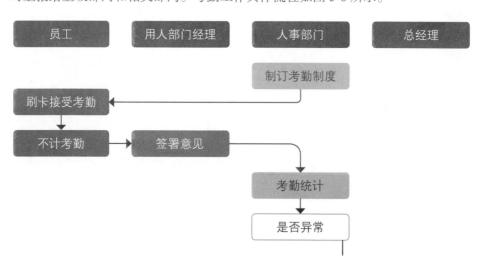

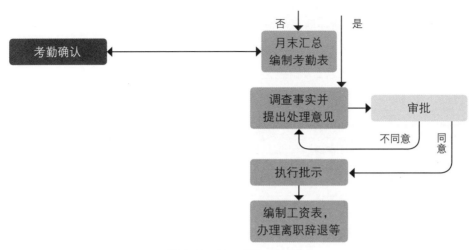

图 5-6 员工考勤工作流程

在整个考勤管理过程中,考勤工作分工非常明确,通常由部门领导直接负责和监督,考勤人员具体执行。各自的工作内容具体如表 5-3 所列。

表 5-3 考勤管理工作内容

	流程节点	责任人	工作说明
1	制订考勤制度	人事部	制订考勤制度,配备考勤刷卡设备,并向员工说明
2	刷卡接受考勤	各部门员工	(1)按照考勤制度要求,每天刷卡或签到; (2)特殊情况(如请假、出差)无法打卡者,须经主管领导批准不计考勤,但事后要补齐相关表单
3	考勤统计	考勤人员	(1)人事考勤管理人员汇总统计各部门的考勤记录,如加班及请假记录等,编制考勤表; (2)如没有异常,则返回员工处确认考勤;如有异常,则调查事实并提出处理意见
4	审批	主管领导	公司主管领导审批相关考勤报表,并做出具体批示
5	执行批示	考勤人员	根据上级领导的批示,执行相关行为(罚款、辞退等)
6	编制工资表,办理离职、辞退等	考勤人员	根据考勤及其他依据编制工资表,办理离职、辞退等

附 员工考勤流程所涉表单（附表 5-11、附表 5-12）

附表 5-11 考勤记录表

编号：　　　　　　　　　　　　　　　　　　　　　日期：　　年　　月　　日

时间/周	出勤	休假	假别					迟到	早退	旷工	公差
			事假	病假	公假	婚假	丧假				
1											
2											
3											
4											
5											
6											
7											
合计											

附表 5-12 加班记录表

编号：　　　　　　　　　　　　　　　　　　　　　日期：　　年　　月　　日

编号	姓名	工类时别	月份																										
			第一周							第二周							第三周							第四周						
			1	2	3	4	5	6	7	1	2	3	4	5	6	7	1	2	3	4	5	6	7	1	2	3	4	5	6	7
1		正常																												
		加班																												
2		正常																												
		加班																												
3		正常																												
		加班																												
4		正常																												
		加班																												
5		正常																												
		加班																												
6		正常																												
		加班																												

5.3.4 员工绩效考核流程

绩效考核隶属于人事部门管理范畴，是人事管理的主要职责之一，通常由绩效经理直接负责。然而，总有不少企业在这方面做得不够好，辛辛苦苦建立起来的考核体系不但无法起到激励作用，反而成为负担；看似完美的考核方案，沦落为没完没了的填表和打分，最终所谓的考核只能流于形式，充当鸡肋。

若想改善这种情况，就需要人事部门的相关负责人员，尤其是绩效经理要熟悉绩效考核工作的流程，没有流程的建立流程，有流程的优化流程。解决绩效考核工作无效的问题，必须先理顺绩效考核工作流程，搞不清楚这点考核就无从谈起。员工绩效考核工作流程具体如图 5-7 所示。

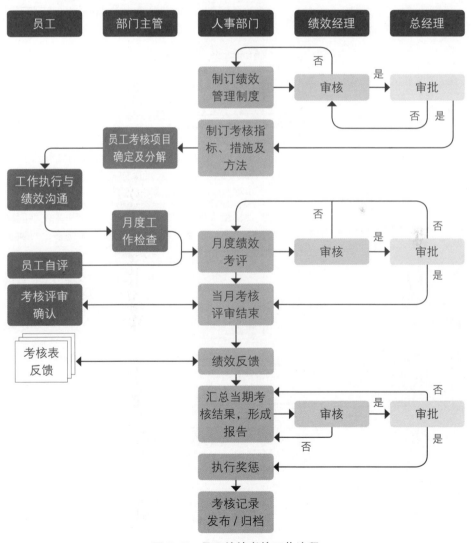

图 5-7　员工绩效考核工作流程

在绩效考核流程中，人事部始终处于主导和支配地位，其中绩效经理是最不可或缺的角色，是最重要的责任人。既要非常坚决完成自己的工作，同时还要起到上通下达的作用，一方面要向上级及时汇报考核情况，另一方面还要与部门其他人员、其他职能部门、被考核对象及其相关人员进行绩效沟通。

因此，绩效经理的工作是绩效考核工作中的重中之重，需要真正重视起来。以下是绩效经理在绩效管理流程中扮演的角色和主要工作职责说明，如表5-4所列。

表5-4 绩效经理主要工作职责说明

流程节点		绩效经理	工作内容
1	制订绩效管理制度	人事部门	根据企业实际情况、战略目标及部门特点等制订绩效管理制度、考核指标，设计绩效考核方案
	审核	绩效经理	征求各部门主管及员工意见，对人事部门制订的制度进行初步审核、调研，如同意则提交总经理审批，不同意则返回人事部门修改、补充
	审批	上级领导	对人事经理提交的绩效方案予以审批，同意则开始执行，不同意则退回人事部门修改、补充
2	制订考核指标、措施及方法	人事部门	设计绩效考核方案，制订合理的绩效考核指标、考核措施，安排绩效考核的时间、人员等事项
	员工考核项目的确定及分解	各部门主管	协助人事部门，并根据部门目标，确定不同岗位、不同员工的考核项目，并分解为多个可衡量的考核指标
3	工作执行与绩效沟通	被考核员工	员工执行各项工作，人事部门及部门主管密切关注员工的工作执行情况，解决潜在问题，帮助员工纠正工作与目标偏差，确定日后下一期改进重点
4	月度工作检查	各部门主管	每月月底对员工的工作情况进行检查，填写检查表
	员工自评	被考核员工	对自身的工作情况和绩效效果进行评估，提交自评表
	月度绩效考评	人事部门	根据《绩效考核规程》，协同各部门主管，对员工的工作进行考核，填写考核表，并随时向上级汇报进度
	审核	绩效经理	对考核情况进行审核，没有异议则上交总经理审批，有异议则重新安排考核

续表

	流程节点	绩效经理	工作内容
4	审批	上级领导	对人事经理提交的考核报告等予以审批,通过则考评结束,未通过(有异议)则返回人事经理调查
	当月考核结束	人事部门	安排绩效反馈以及安排员工确认考核结果等事宜
	考核评审确认	被考核员工	确认考核结果,是否有异议
5	绩效反馈	人事部门	收集绩效考核资料,对绩效考核效果进行跟踪,及时以通知或面谈等方式反馈给相关人员及员工个人
	汇总当期考核结果,形成报告		汇总当月考核结果,形成报告,并提出相关意见,提交上级审批
6	审核	绩效经理	审核当期员工绩效考核情况,并提出意见。有异议则返回人事部门调查修订,无异议则提交总经理审批
	审批	上级领导	审批人事经理提交的报告,有异议则返回人事经理处,无异议则按照规定执行奖惩
7	执行奖惩	绩效经理	按相关规定执行奖惩,并进入薪酬管理流程
8	考核记录发布/归档		将所有的考核资料、考核表、评分表等汇总整理,并归档,为日后工作提供依据

附 员工绩效考核流程所涉表单(附表5-13~附表5-15)

附表5-13 绩效考核方案

×××部门考核方案(以销售为例)

姓名			部门		职位	
	考核项目		权重/%	自我评价	自评分	考核分
客户开发	如:完成每日客户拜访量,并按要求完成客户单位无盲区(每周经营分析会汇报)		5			
	如:完成每周的新客户开发,及每月至少两次外埠市场拜访(每月总结汇总)		5			

续表

	考核项目	权重/%	自我评价	自评分	考核分
销售指标	是否当月完成销售任务	10			
	当月有效成交量是否达到	10			
	销售增长率	10			
	销售毛利率/净利润率	10			
客户管理	新增客户数、老客户流失情况	5			
	新老客户基本信息、签单合同等档案资料的保管以及定期更新状况	5			
	按时完成所负责的客户服务工作，客户满意度	10			
回款率	应收账款完成率	10			
工作态度	工作积极主动，能按时、圆满地完成各项工作	5			
	敬业、认真、有责任心，工作无差错	5			
专业技能	业务熟练，技能娴熟，掌握必要的岗位知识，满足基本工作要求	5			
	能积极主动学习与本职工作有关的知识，并帮助团队一起进步	5			
其他工作或未完成的工作（其他积分或减分项目）					

月度考核结果						绩效评价/评估
总分						
评定	优秀	良好	及格	待改进	不及格	
分值	90分↑	89~80分	79~70分	69~60分	60分↓	
奖金						考核人员签字： 日期：
建议及改进计划	被考核人签字： 日期：					

附表 5-14　绩效考核目标责任书模板

绩效考核目标责任书

一、目的

　　为明确工作目标、工作责任，公司与核算单位责任人签订此目标责任书，以确保工作目标的按期完成。

二、责任期限

　　____年____月____日至____年____月____日。

三、职责

　　完成核算单位责任人日常工作责任。

四、双方的权利和义务

　　①甲方_____

　　②乙方_____

五、薪酬标准

　　①乙方年薪为 ____万元（乙方年薪＝固定薪酬_____万元）。

　　②每月固定发放薪水_____元人民币；每月绩效部分为_____元人民币，根据半年度绩效打分确定发放额度，并于当月发放____%，年终发放____%。

六、工作目标与考核

　　核算单位责任人常规的 KPI 考核指标如下表所示。

KPI 考核指标（以生产车间为例）

序号	KPI 指标	考核周期	指标 /%	权重 /%	考核依据	考核部门
1	公司指标达成率	半年	100	30		运营中心
2	安全事故	半年	100	30		运营中心
3						
4						

七、KPI 指标考核说明（工厂）

　　1. 公司指标达成率：_____

　　_____。

　　2. 安全事故：_____

　　_____。

　　3.…

八、附则

　　1._____。

　　2._____。

　　3._____。

甲方：　　　　　　　　　　　　乙方：

日期：　　　　　　　　　　　　日期：

附表 5-15　绩效考核表

考核日期：　　　年　　　月　　　日

被考核者		所属部门		职位	
考核者		考核期		职位	
指标分类	考核指标	权重 /%	考核标准	得分	得分依据
考核得分			考核者		签名
审核加分			上级审核		签名
审核减分			人力资源部审核		签名
最后得分			审批		签名

5.3.5　员工薪酬管理流程

薪酬管理是人事部门管理中的另一个重要板块，薪酬关系着每位员工的切身利益。在很多企业中，薪酬不公平是一个非常突出的现象，而薪酬的平衡与完善科学的管理流程息息相关。

流程是薪酬管理的基础，科学有效的流程可使管理更规范，对工作实践更有指导意义。同时，也有利于员工发挥更多的潜能，为企业创造更大的经济效益。因此，企业必须建立一个科学、合理的薪酬管理流程，这不仅仅是全体员工的利益需求，更关系着企业的稳定与发展。薪酬管理流程图如图 5-8 所示。

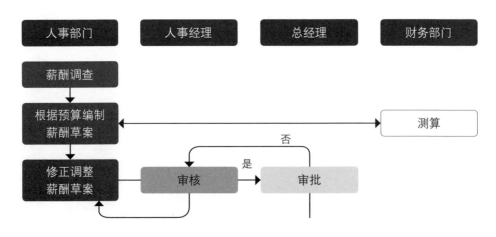

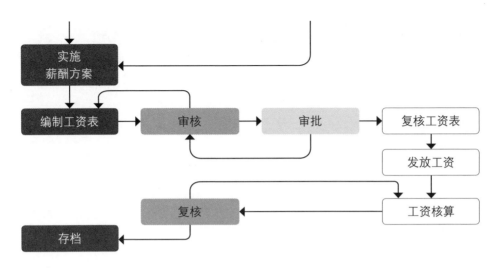

图 5-8　薪酬管理流程图

薪酬管理是一个综合性的管理行为，包括薪酬制度的构建、薪酬计划的编制、薪酬方案的实施、薪酬分配和修正等。每个管理行为都是流程中的一个重要节点，环环相扣，不可分割。因此，要想做好整个薪酬管理工作，就必须重视每个节点，做好每个细节。薪酬管理流程节点说明，如表 5-5 所列。

表 5-5　薪酬管理流程节点说明

节点		责任人	工作说明
1	薪酬调查	人事部门	薪酬管理离不开薪酬制度的建设，而要制订一套科学、合理的薪酬制度，前提是做好薪酬调查工作。具体包括： （1）调查外部薪酬信息，包括国家法律法规规定、统计局统计数据，以及同行业薪酬水平、地区薪酬水平等； （2）收集统计公司岗位说明书、员工个人岗位级数等信息，为编制薪酬方案提供依据
2	根据预算编制薪酬草案		（1）依据薪酬调查的信息编制薪酬草案，包括员工总体价值评价及工资分配政策与策略（如工资差距大小、差距标准，工资、奖励与福利费用的分配比例等）； （2）财务部门提供支持，并对草案进行测算，提出意见
3	修正调整薪酬草案		依据财务部门提供的预算数据等，修正调整薪酬方案，并提交上级审批
	审核	人事经理	对人事部门提交的薪酬方案予以审核，5 个工作日内公布审核结果。如审核通过，则提交总经理；如审核不通过，则通知人事部门再次修正

续表

节点		责任人	工作说明
3	审批	总经理	对人事经理提交的薪酬方案进行审批。如通过,则开始执行实施;如不通过,则返回人事经理重新修正
4	实施薪酬方案	人事部门	收到总经理公布的审核结果通知后,按照薪酬发放方案,予以执行实施,并跟踪执行实施效果
5	编制工资表	人事部门	根据员工的月考勤、考评记录、员工工资规定等编制当月工资表,并形成报表上交
5	审核	人事经理	对人事部门提交的报表进行审核。如通过,则提交总经理审批签字;如不通过,则通知人事部门重新编制修正工资表
5	审批	总经理	对人事经理提交的工资报表进行审批签字。如同意,则进行工资发放流程;如不同意,则通知人事经理调查处理
5	复核工资表	财务部	经人事经理及总经理审核后,由财务部门对员工工资表的科学性和可行性进行复核
6	发放工资	财务部	按周期结算员工工资,在规定日期予以发放
7	工资核算	财务部	完成工资发放后,及时进行核算,汇总工资发放情况,以口头或书面形式向总经理呈报
8	存档	人事部门	将薪酬方案的新旧版本以及员工工资表等进行留存、归档,以备查用

附 员工薪酬管理流程所涉表单(附表5-16~附表5-19)

附表5-16 薪酬调研报告

薪酬调研报告

说明:在竞争激烈的市场背景下,薪酬政策的制订不能只看自己的企业内部情况,而是要看本企业在整个行业的定位停留在哪一个层级。而薪酬调查报告是组织或个人衡量自身报酬水平外部公平性的重要参考依据,调研结果为企业在决定特定岗位从业人员的工资水平时提供了一个外部标准,也使从业者通过明确的指标来衡量自己组织的薪酬水平与外部相比是否合理与公平,从而实现人力资源的合理流动及人力资源合理配置的目的,真正做到以市场为主导。

调研目的	1. 性质： 2. 规模： 3. 目标： 4. 方法：				
职位描述					
调研对象	年龄	性别	职位	学历	月薪/年薪
调研结果分析	薪酬构成				
	货币薪酬			非货币薪酬	
	综合分析				
	薪酬结果图表化				

附表 5-17　年度薪酬计划

年度薪酬计划

通过薪酬市场调查结果，比较企业各岗位与市场上相对应岗位的薪酬水平，接下来就是制订薪酬计划。薪酬计划是企业预计要实施的员工薪酬支付水平、支付结构及薪酬管理重点等内容，是企业薪酬政策的具体化。

( )年		项目	分季度工资使用总额				主管部门签章	审核部门签章	备注
			第1季度	第2季度	第3季度	第4季度			
月	日	工资总额使用计划							
		本年度工资使用总额							

附表 5-18　员工工资发放统计表

姓名	所属单位/部门	发放情况			本人签字	发放人签字
		发放金额	发放时间	发放方式		
1						
2						
3						
4						
5						
6						

附表 5-19　工资表

序号	姓名	基础薪酬				其他应发					实发
		基本工资	绩效工资	岗位工资	小计	工龄工资	全勤工资	补助	分红	其他奖励	小计	合计
1												
2												
3												
4												
5												
6												
7												

续表

序号	姓名	基础薪酬				其他应发						实发
		基本工资	绩效工资	岗位工资	小计	工龄工资	全勤工资	补助	分红	其他奖励	小计	合计
合计												

××月份工资表

5.3.6 员工档案管理流程

员工档案管理是人力资源部门辅助性的工作之一，是整个人事工作系统中不可缺少的组成部分。来自各部门的员工档案最终都要归结到人事部门，相关人员会按照一定的标准进行归类、整理、装订、立卷、归档，并以简洁的符号和文字按各卷顺序编号，标识出来，目的是对过去一段时间人员变动情况进行总结，以便保管和查阅。

从这个角度来看，对员工档案进行管理是人事部门工作人员非常重要的一项工作，具体流程如图 5-9 所示，分工与说明如表 5-6 所列。

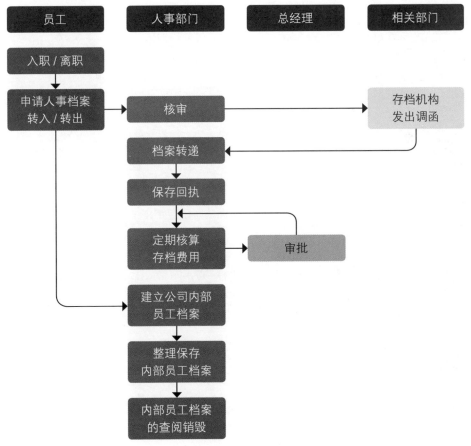

图 5-9 员工档案管理流程

表 5-6　员工档案管理流程节点分工与说明

	流程节点	责任人	工作说明
1	入职/离职	员工	新员工入职或有员工离职时，员工根据自身情况以及企业相关规定提出人事档案转入或转出申请
	申请人事档案转入/转出		按照企业规定填写人事档案转入或转出申请，提交人事部门办理相关手续
2	核审	人事部门	在规定时间内，收集、整理、审核相关人事档案资料，以及转档程序，办理相关事宜，联系员工原存档机构
	存档机构发出调函		原存档机构发出调函，并将档案返回员工个人或本公司，如员工自带档案，则直接存入公司指定的存档机构
3	档案转递		接收员工档案，做好记录，在规定时间内存入公司合作的存档机构
	指定机构存档	存档机构	存档，并发出回执
4	保存回执	人事部门	保存存档机构的回执，以备查用
	定期核算存档费用		定期整理、统计公司员工档案的相关情况，并核算存档费用，形成报表，提交上级审批
5	审批	主管领导	审批人事部门提交的存档费用核算报表，在3个工作日内做出批示。同意，则通知财务部门结算付款；不同意，则通知人事部门重新核算确定相关费用
	费用结算	财务部	定期结算存档费用
6	建立公司内部员工档案	人事部门	收集整理员工各种信息，包括身份证明、学历学位证明、各类证书、招聘资料、劳动合同及附件、试用转正文件、各类人事通知单、奖惩文件、绩效评估报告、离职文件等
7	整理保存内部员工档案		定期对内部员工档案进行整理、更新，并妥善保存
8	内部员工档案的查阅销毁		制订档案查阅及销毁规定，按规定办理查阅试用，以及档案销毁程序，销毁档案须经主管领导审批同意后方可执行

附 员工档案管理流程所涉表单（附表 5-20 ~ 附表 5-22）

附表 5-20　试用期员工转正申请

转正申请书
尊敬的领导： 　　试用期间的工作描述＿＿＿＿＿＿＿＿＿＿＿＿＿＿＿＿＿＿＿＿＿＿＿＿＿＿＿＿＿＿ ＿＿＿ 　　试用期间的工作成果＿＿＿＿＿＿＿＿＿＿＿＿＿＿＿＿＿＿＿＿＿＿＿＿＿＿＿＿＿＿ ＿＿＿ 　　试用期间的工作总结＿＿＿＿＿＿＿＿＿＿＿＿＿＿＿＿＿＿＿＿＿＿＿＿＿＿＿＿＿＿ ＿＿＿ 　　　　　　　　　　　　　　　　　　　　　　　　　　　　　　　　　　　　此致 敬礼 申请人：××× 　　　　　　　　　　　　　　　　　　　　　　　　　　　××××年××月××日

附表 5-21　商调函

商　调　函
商调（公字）NO. 　　＿＿＿＿＿＿＿＿＿＿＿＿＿＿＿： 　　现正在＿＿＿＿＿＿＿＿＿＿＿公司（部门）工作的＿＿＿＿＿＿＿＿＿＿＿＿＿＿同志，因工作需要，拟调入＿＿＿＿＿＿＿＿＿＿＿＿＿＿＿＿＿＿＿工作。具体意见，请按下列第（　）项办理。 　　1. 　　2. 　　3. 　　4. 　　5. 　　此函＿＿＿内有效。 　　　　　　　　　　　　　　　　　　　　　　　　　　　　　　　　　　　　公章 　　　　　　　　　　　　　　　　　　　　　　　　　　　××××年××月××日

注：商调函是指没有隶属关系的地区、部门或国有单位之间为了人才流动而互致的公文。

附表 5-22　调入 / 调出职工档案申请

申请人所在部门：	申请时间：××××年××月××日	
申请内容	□本人申请将人事档案调入 / 调出公司统一管理（请注明本人档案现存于何地？）注明： □本人申请由公司代扣代缴社会保险： 1. 养老保险；2. 医疗保险；3. 工伤保险；4. 失业保险；5. 生育保险。 □本人申请由公司报销社会保险（在无须公司代扣代缴社会保险时）： 申请人签字：　已参统 □　　未参统 □	
人事部门	审批人：	
人事部门主管经理	审批人：	
总经理	审批人：	

5.3.7 员工劳动合同管理流程

《中华人民共和国劳动法》第十六条规定："劳动合同是劳动者与用人单位确定劳动关系、明确双方权利和义务的协议。"因此，企业与员工建立劳动关系的，必须签订劳动合同，而这一职责主要归为人力资源部门。员工劳动合同管理流程如图 5-10 所示。

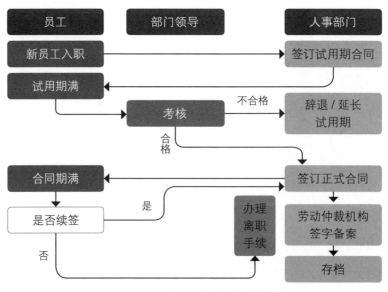

图 5-10　员工劳动合同管理流程

合同管理分为试用期合同和正式合同。按照《中华人民共和国劳动法》相关条文的规定，用人单位招收新员工，自用人之日起必须签订劳动合同，不得以任何理由拖签、拒绝签订。试用期间可签订试用期合同，但不允许先试用后签合同。试用期结束后，符合用工要求，转为正式员工的，应及时地签订正式劳动合同，确保劳动者的合法利益。员工劳动合同管理工作说明如表5-7所列。

表5-7 员工劳动合同管理工作说明

	流程节点	责任人	工作说明
1	新员工入职	员工	新员工按照企业要求办理入职
	签订试用期合同	人事部门	按照企业人事管理规定，在一个星期内与新员工签订试用期合同，一般试用期为3~6个月
2	试用期满	员工	试用期满，员工提出转正申请
3	考核	部门负责人/分管领导	部门负责人根据新员工在试用期内的表现、业绩等进行评价、考评，并给出处理意见。合格则签订正式劳动合同，不合格则予以辞退或延长试用期
4	签订正式合同	人事部门	（1）管理正式合同，在规定期限内与新员工签订正式合同，同时密切关注老员工的合同到期情况；（2）劳动合同一式两份，员工个人及公司人事部门各执一份
	合同期满	员工	合同期满，人事部门提前通知相关员工，与其协商是否续签合同，同意则续签劳动合同，不同意则办理离职手续
5	劳动仲裁机构签字备案	人事部门	不论是新签劳动合同还是续签劳动合同，都应送交劳动仲裁机构签字备案，以备查考
6	存档		将新老合同备案、存档，以备查考

在劳动合同管理中还有一个重要的内容，即对到期合同的处理。根据《中华人民共和国劳动合同法》第四十四条第一项规定："劳动合同期满的，劳动合同终止。"用人单位不续签劳动合同的，应该征求上级和员工本人的意见，若双方同意解除合同，企业按《中华人民共和国劳动合同法》第四十七条规定，应当向劳动者支付经济补偿。经济补偿按劳动者在本单位工作的年限，每满1年支付1个月工资的标准向劳动者支付。6个月以上不满一年的，按一年计算；不满六个月的，向劳动者支付半个月工资的经济补偿。月工资是指劳动者在劳动合同解除或者终止前12个月的平均工资。

员工劳动合同管理流程所涉表单（附表 5-23～附表 5-25）

附表 5-23　劳动合同签订通知函

劳动合同签订通知函
  　　　　　　　　　　　　　　　　　　　　　　　　_____公司 　　　　　　　　　　　　　　　　　　　　　　　____年____月____日

附表 5-24　合同未到期员工自动离职/辞退证明

合同未到期员工离职/辞退证明
兹有我公司员工_____，性别_____，身份证号为_____，原任本单位职务为_____，因（□主动/□被动）提出离职。在职期间无不良表现，经协商一致，已于____年____月____日办理完离职手续，与我单位解除一切劳动关系。因未签订相关保密协议，遵从自由择业。我单位愿意承担本证明内容不实的法律责任。 　　特此证明 　　　　　　　　　　　　　　　　　　　　　　　　_____公司 　　　　　　　　　　　　　　　　　　　　　　　____年____月____日

附表 5-25　劳动合同续签意见征询书

劳动合同续签意见征询书		
_____（部门）____先生/女士： 　　劳动合同将于_____年_____月_____日期满。现就合同续签事宜向部门领导及员工本人征询意见，如果双方同意续签，建议续签年限为三年或三年以上，请您在此写出双方沟通后的意见。		
领导意见：□是　□否	员工本人意见：□是　□否	人力资源部意见：□是　□否
原因：	原因：	原因：
领导签字： 日期：	员工本人签字： 日期：	人力资源部签字： 日期：
请您填写好续签意见征询书，于劳动合同期满前_____天将签字版反馈给人力资源部；如双方同意续签，请您于劳动合同期满前签署新一期的劳动合同；更多信息，请参考续签通知邮件正文，或与人事部门相关负责人联系，谢谢！		

第6章

财务部门管理流程设计关键词
发现问题,纠错防错

财务工作涉及人多面广,大多工作细而杂,且很多工作需要跨部门进行,如汇总大量现金、银行凭证;检查、核对有无不符合财务规定或手续不齐全的票据;单据、金额是否正确;什么事情需要日清月结,什么事情需要每天盘点、核对等。因此,企业需要对财务工作进行流程化处理,建立相应的流程,让工作有个轻重缓急,确保高效、有序地进行。

6.1 财务部门流程化管理的作用
——保证各项业务的真实性、有效性

在一个企业中，财务管理是所有管理工作中的重中之重，而建立科学、合理的财务管理流程又是做好财务管理的有力保障。然而，有不少企业在财务管理流程建设上极不完善，从而严重影响了实际工作的开展，有的甚至造成了巨大的财产损失。

案例 1

> 亚信深耕通信行业 20 余年，是全球领先的独立软件服务商，它的发展历程见证着中国通信行业的信息化进程，然而它的辉煌离不开一个人，财务总监：韩颖。韩颖曾是惠普中国的财务总监，有人说如果不是她出任亚信的 CFO，亚信也许就夭折在高速发展的互联网浪潮之中了。
>
> 韩颖 1998 年下半年来到亚信，在上任后她向高层要了一份公司往年的财务报告。通过这份财务报告，她惊奇地发现，已经运营 3 年之久的亚信根本没有做过正规的财务预算。当问及为什么时，高层的回答令她惊奇，"这正是现状，需要我们改变的"。
>
> 于是，韩颖在亚信做的第一件事就是搭建符合国际会计标准的财务系统。她花了 3 个月的时间构建了一套标准的财务管理流程系统，并将 1995—1998 年所有的财务数据输入系统中，进行整合分析。结果让所有的高层大吃一惊：自以为最辉煌的 1997 年竟然处于亏损状态。
>
> 为什么会有如此大的差别？原因就在于，亚信从未做过符合标准的财务管理，账面上几乎全是库存和应收账款，其实这些根本无法如实反映当时的财务状况。所以，公司很多高层基本是两眼一抹黑，融来的资金花了多少，怎么花的都不是很清楚。而通过新建立的这套财务管理流程系统，则可明确看到每一笔资金的去向，投入多少，产出多少，取得了什么样的效益，等等。

上述案例说明，对财务管理进行流程化梳理，可以进一步认清一个企业的发展现状及未来形势，更重要的是可以提高工作效率，及时发现工作中的漏洞和错误，纠错防错。那么，财务管理流程化对企业发展到底有多少促进作用呢？具体来讲，体现在以下 3 个方面。

（1）满足财务工作的日常需要

与过去相比，财务工作已经发生很大变化，如以前是手工记账，现在是全面电算化，算盘、账簿被各种财务软件所取代。财务工作的变化给财务工作者提出了更高要求。一方面，财务工作者要在新的环境下更快、更好、更高效地开展工作；另一方面，还要不断创新、完善原有的管理体系，以应对出现的新情况，解决新问题。

要达到上述两方面的要求，实现流程化管理势在必行，通过建立财务工作流程来最大程度上适应现代财务工作的形势。

（2）实现资金价值的最大化

资金，是财务工作的出发点和归宿点，它就像一面镜子，能折射出财务工作质量的高低以及全过程，如投入多少、如何投入、投入与产出是否合理、取得什么效益、还存在什么其他问题，等等。那么，为了让资金发挥更大的作用，就需要对整个财务工作进行流程化梳理。所有的工作都能以最简洁的流程图示表现出来，让财务工作者以及企业高层快速地了解资金的价值。

（3）规范办事程序，完善财务监督机制

财务部门是企业资源最集中的一个部门，再加上由于常跟钱物打交道，廉政风险系数大。因此，企业对财务工作者的道德品质、个人素养要求都非常高，以保证其在财务工作中做到洁身自好，保证财产和财务信息的安全。为此，企业会通过严格的流程，明晰财务工作流程，完善财务监督机制，以此来推进廉政风险防范，进一步促进财务预防腐败体系的健全和完善，使廉政风险做到阳光、透明。

综上所述，做好财务工作流程化管理对整个企业的方方面面都具有深远的意义。

6.2 财务管理流程化设计的内容

财务部门作为企业所有管理工作的重心和中枢，使财务工作也成为一个系统性很强的工种。这就要求财务工作流程也必须成体系，既要有总流程，也要在总流程下设不同业务的细分流程。例如，应收、应付业务需要建立应收应付账款管理流程，费用报销业务需要建立报销流程，业务核算业务则需要建立相应的核算流程。

那么，财务工作细分流程主要包括哪些呢？这需要根据财务管理的职能和业务类型进行分析。

(1)财务部门职能

财务部门的职能主要有3个,分别为管理职能、核算职能和预警提示职能。

① 管理职能是根据企业发展规划编制和下达企业财务预算,并对预算的实施情况进行管理;

② 核算职能是对公司的生产经营、资金运行情况进行核算;

③ 预警提示职能是对董事长、总经理反馈公司资金的营运预警和提示。

(2)财务工作内容

财务工作内容因财务工作职能的不同会有所差异,如财务经理、财务会计、出纳,他们分工非常明确,工作内容差异也非常大。但为便于理解,这里将不再对每个职能下的工作内容一一阐述,而是从财务工作的整体职能上做个总结,工作内容主要有14项,仅供参考,如表6-1所列。

表6-1 财务工作的主要内容

序号	工作内容
1	参与制订本公司财务制度及相应的实施细则
2	参与本公司的工程项目可信性研究和项目评估中的财务分析工作
3	负责董事会及总经理所需的财务数据资料的整理编报
4	负责对财务工作有关的外部及政府部门,如税务局、财政局、银行、会计事务所等联络、沟通工作
5	负责资金管理、调度。编制月、季、年度财务情况说明分析,向公司领导报告公司经营情况
6	负责销售统计、复核工作,每月负责编制销售应收款报表,并督促销售部及时催交货款。负责销售货款的收款工作,并及时送交银行
7	负责每月转账凭证的编制,汇总所有的记账凭证
8	负责公司总账及所有明细分类账的记账、结账、核对,于每月5日前完成会计报表的编制,并及时清理应收、应付款项
9	协助出纳做好货款的收款工作,并配合销售部门做好销售分析工作
10	负责公司全年的会计报表、账簿装订及会计资料保管工作
11	负责银行财务管理,负责支票等有关结算凭证的购买、领用及保管,办理银行收付业务
12	负责现金管理,审核收付原始凭证
13	负责编制银行收付凭证、现金收付凭证,登记银行存款及现金日记账,月末与银行对账单核对银行存款余额,并编制余额调节表
14	负责公司员工工资的发放工作、现金收付工作

综合财务管理的职能和业务类型，财务工作流程具体可分为 8 类，8 大细分流程基本囊括了企业财务部门的所有工作。如图 6-1 所示。

图 6-1　财务工作细分流程示意图

6.3　财务管理工作中常用的流程模块

企业财务工作主要包括 8 大板块，且各个板块的工作都有自身的特点，故形成的工作流程也大不相同，下面就这 8 个流程进行分别介绍。

6.3.1　财务预算表编制流程

财务预算，是反映企业在未来一段时期内总体财务活动，或某一方面财务活动的经营成果、变动情况，以及现金收支的总称。具体包括总预算和分预算，总预算是对企业整体财务活动的预算，分预算是对某个分支内容的预算。无论总预算还是分预算，都需要在统一的财务预算管理下进行，只有以科学、合理的流程做保障，一切才能顺利展开。

财务预算最核心的工作是财务预算表的编制。财务人员基于本公司业务情况、经营目标及财务变动情况，来测算和分析未来一段时期内的经营成果，并在此基础上进行综合分析，形成文字、图表等报表。具体的编制流程如图 6-2 所示。

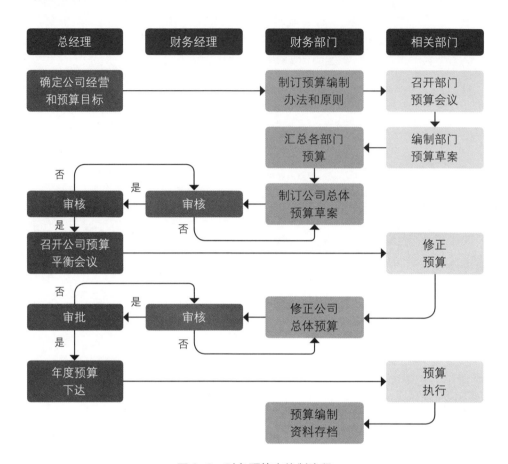

图 6-2　财务预算表编制流程

在财务预算表编制过程中，需要多部门配合，会涉及很多人，如上级、平级、下属等。因此，在这项工作流程中有很多环节需要格外注意，因为这些环节需要其他部门和人员积极配合。作为财务人员要与这些部门和人员密切沟通，明确他们的工作内容，让他们最大限度地配合自己的工作。

财务预算表编制流程涉及的部门和人员及其工作内容具体如表 6-2 所列。

表 6-2　财务预算编制流程工作说明

	流程节点	所涉部门和人员	工作内容
1	确定公司经营和预算目标	总经理	于每年年初应收集相关财务信息，确定新年度公司经营目标和预算目标，并下达给财务部门和公司各部门

续表

	流程节点	所涉部门和人员	工作内容
1	制订预算编制办法和原则	财务部门	（1）根据国家财务法律、法规和行业要求，结合企业实际情况预算编制办法和原则； （2）财务经理起草年度预算编制通知，明确预算编制的内容、格式、范围、要求、注意事项等
2	召开部门预算会议	各部门	各部门经理负责组织召开部门预算会议
	编制部门预算草案	各部门	根据所负责的业务，按公司预算编制通知的要求，结合本部门下一年度工作计划与上年度本部门预算执行情况，编制各部门业务预算草案，并提交财务部门
	汇总各部门预算	财务部门	对各部门预算进行汇总，试算平衡
	制订公司总体预算草案	财务部门	编制出公司的《年度财务预算汇总表》，预计公司总体预算草案，上报上级领导审核
3	审核	财务经理	审查财务预算的编制是否符合公司拟定的年度经营目标和预算目标。通过则提交总经理审核；未通过则提出进一步修订完善的意见，通知财务部门修正、调整预算草案
	审核	总经理	负责审核财务经理提交的公司财务预算草案，通过则通知各部门执行，未通过，则发回财务经理修改
4	召开公司预算平衡会议	总经理	根据企业发展战略和目标，平衡各个部门间的预算，并征得各个部门的认同
	修正预算	各部门	根据预算平衡会议的决定修正部门预算草案
5	修正公司总体预算	财务部门	汇总修正后的部门预算草案，在此基础上修正公司总体预算，形成新的预算草案
	审核	财务经理	审核修正后的公司总体预算草案，通过则提交总经理审核；未通过则提出修正意见，通知财务部门再次修正
	审批	总经理	审核财务经理提交的财务预算草案，通过则通知各部门执行；未通过则提出意见，并通知财务经理重新修正
6	年度预算下达	总经理	下达审核通过的预算草案，通知各部门按预算执行
	预算执行	各部门	各部门严格按照公司预算执行要求执行预算
7	预算编制资料存档	财务部门	整理、汇总预算编制资料并存档，以备查用

附 财务预算表编制流程所涉表单（附表 6-1～附表 6-5）

附表 6-1　财务预算方案模板

方案名称		执行部门	
		监督部门	
一、目的	为对本年度财务进行合理预算，以达到控制费用支出、节约财务成本的目的，特制订本方案		
二、适用范围	本方案适用于公司年度预算的编制管理的全部工作		
三、术语解释	年度预算，是对公司在一年内的各项物流业务活动、财务表现等方面的总体预测		
四、预算方案编制说明	1.编制原则：预算的编制要遵循合法性、可行性、客观性、科学性和经济性原则		
	2.编制依据：①国家相关法规、政策和方针，国内外经济环境及物流发展趋势。②公司上一年度实际经营情况和本年度预计的内外部环境变化因素。③本公司预算管理办法		
	3.编制范围：		
五、组织机构和权责分配	公司成立预算管理委员会：预算管理委员会是公司预算管理的最高决策机构，由公司总经理、副总经理、总会计师和各部门负责人组成		
	1.预算管理委员会的主要职责：		
	2.公司各部门在预算管理中的职责：		
六、预算编制	1.编报方法：		
	2.预算编制的重要性：		
	3.主要预算指标的制订方法：		
七、预算控制与差异分析			
八、预算考核与激励	1.预算考核的原则：		
	2.预算考核的内容：		

附表 6-2 收入预算表

编制部门：   编制日期：

科目编码	科目名称	基本收入/万元	项目收入/万元	合计/万元
合计/万元				

附表 6-3 支出预算表

编制部门：   编制日期：

科目编码	科目名称	基本支出/万元	项目支出/万元	合计/万元
合计/万元				

附表 6-4 费用预算表

编制部门：   编制日期：

类别	费用项目		预算金额/万元	实际发生额/万元	占预算比/%	部门分配			合计/万元
	编码	名称				A	B	……	
固定费用									
变动费用									
其他费用									
合计/万元					—				

附表 6-5　现金预算表

编制部门：　　　　　　　　　　　　　　　　编制日期：

项目编码	项目名称	上年度（实际）				本年度（预算）				合计/万元
		1Q	2Q	3Q	4Q	1Q	2Q	3Q	4Q	
	合计/万元									

6.3.2　财务核算和账务处理流程

财务核算和账务处理是财务部门的主体工作，是财务会计的主要职责。财务核算，是指对单据、票据以及其他会计凭证进行系统、记录、计算、监督而用的一系列方法。例如，填制凭证、登记账本、设置账户和科目、复式记账、成本计算、财产清查等。财务核算的对象是单据、票据以及其他凭证等。

财务处理，是对这些财务凭证进行原始登记、填制，记载每项经济业务的往来，并做好会计分录、记账等一系列行为。会计在对单据、票据等凭证进行处理时，必须按照规定的流程严格执行。具体流程如图 6-3 所示，工作内容说明如表 6-3 所列。

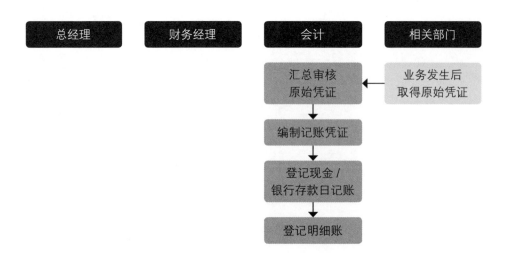

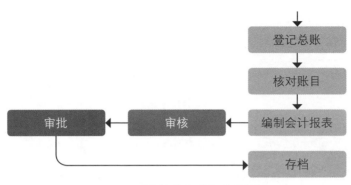

图 6-3　财务核算和账务处理流程

表 6-3　账务处理工作内容说明

	流程节点	责任人	工作内容
1	业务发生后取得原始凭证	相关部门	业务经办人取得合法的原始凭证,通过特定程序传递给财务部门
2	汇总审核原始凭证	会计	首先审核原始凭证,并汇总。一般来说,原始凭证有外来原始凭证和自制原始凭证两种。外来原始凭证,即由业务经办人员在业务发生或者完成时从外单位取得的凭证,如供应单位发货票、银行收款通知等。自制原始凭证,即单位自行制订并由有关部门或人员填制的凭证,如收料单、领料单、工资结算单、收款收据、销货发票、成本计算单等
3	编制记账凭证	会计	每月底把同类的原始凭证汇总填制记账凭证
4	登记现金/银行存款日记账	会计	根据收付款凭证登记现金日记账、银行存款日记账等
5	登记明细账	会计	根据记账凭证和原始凭证登记明细分类账
6	登记总账	会计	根据记账凭证逐笔登记总账
7	核对账目	会计	每期期末,将日记账、明细账分别与总账核对
8	编制会计报表	会计	每期期末,根据总账、明细账和其他有关资料编制会计报表,同时要核查登记簿记录。会计报表附注中的某些资料需要根据备查登记簿中的记录编制
	审核	财务经理	审核会计报表,同意上报总经理审批,有异议则返回会计处修正
	审批	总经理	对会计报表进行查阅审批
9	存档	会计	将有关凭证、资料、报表等存档,以备查用

附 各类凭证账务处理流程所涉表单（附表6-6～附表6-9）

附表6-6 现金日记账模板

现金日记账

年		凭证号数	摘要	借方/元										核对	贷方/元										核对	借或贷	余额/元										核对
月	日			亿	千	百	十	万	千	百	十	元	角	分		亿	千	百	十	万	千	百	十	元	角	分			亿	千	百	十	万	千	百	十	元	角	分	

附表6-7 总分类账模板

科目名称：_____

年		记账凭证号数	摘要	页数	借方/元										贷方/元										借或贷	余额/元										
月	日				十	亿	千	百	十	万	千	百	十	元	角	分	亿	千	百	十	万	千	百	十	元	角	分		十	亿	千	百	十	万	千	百	十	元	角	分

附表6-8　多栏式明细账模板

明细账

账号		总页数	
页数			

年		凭证		摘要	对方科目	借方									核对	贷方									核对	借或贷	余额									核对
月	日	种类	号数			亿	千	百	十	万	千	百	十	元	角	分		亿	千	百	十	万	千	百	十	元	角	分			亿	千	百	十	万	千	百	十	元	角	分	

附表6-9　银行存款日记账模板

银行存款日记账

年		凭证	摘要	借方/元										核对	贷方/元										借或贷	余额/元										核对
月	日	号数		亿	千	百	十	万	千	百	十	元	角	分		亿	千	百	十	万	千	百	十	元	角	分			亿	千	百	十	万	千	百	十	元	角	分	

6.3.3 经费、费用报销流程

经费、费用的报销是财务部门会计人员的日常工作之一。据统计，一个会计处理各类经费、费用的报销工作要占到总工作量的 70% 以上。因此，我们应该意识到，在会计的日常工作中会涉及很多经费、费用的报销，如差旅费、会议费、礼品费、办公发票以及各种补贴等。

无论从行业标准，还是企业标准来看，做好经费、费用的报销工作都是可以严格按照流程来控制的，具体流程如图 6-4 所示。

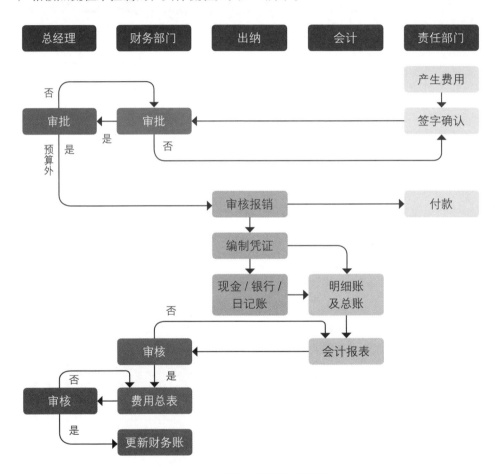

图 6-4 经费、费用报销流程

经费、费用的报销有个很重要的环节就是发票。要重点关注发票的合规性、涉税风险、签字手续、预算 4 个重点，这几个点如果做得规范，账务工作质量就会得到极大的保障，具体工作内容如表 6-4 所列。

表6-4 经费、费用报销流程说明

流程节点		责任人	工作内容
1	产生费用	各部门	因出差、招待、采购等产生的费用，报销人员必须取得完整真实、合法的原始凭证
	签字确认		（1）员工个人在凭单上签字确认，所有签名均应附注日期； （2）部门负责人确认签字
2	审批	财务部门	对员工上交的报销申请及原始凭证进行核对、审批，通过则提交总经理审批；未通过则根据实际情况做出处理，包括退回报销单（注明退回原因）。剔除部分不合格、不合理、说明不全之金额后付款（附剔除原因）。要求报销人员补充说明或补充必要单证
		总经理	主要对预算外的费用进行审批，看其是否真实、合理。同意则交出纳审核报销，然后付款；不同意则通知财务经理及财务部门再次确认审核
3	审核报销	出纳	核对员工上交的报销票据是否齐全，填写是否正确，发票是否合规，报销是否符合相关标准、是否符合报销审批签字程序等，通过则办理报销业务（依据现金收付凭证收款/付款，报销人签字）以及其他相关手续
4	编制凭证	会计	编制登记现金/银行/日记账
			编制汇总费用明细账及总账
	会计报表		按照公司规定周期汇总编制会计报表，并上报财务部门审核
5	审核	总经理	负责审核财务经理提交的公司财务预算草案，根据企业发展战略和目标，平衡各部门间的预算，并征得各部门同意
6	费用总表	财务部门	按照公司规定周期汇总编制费用总表，为企业管理提供财务支持，并报总经理审批
	盖章认可	总经理	审批费用总表，同意则盖章，并通知财务部门
7	更新财务账	财务部门	及时更新财务账

附 经费、费用报销流程所涉表单（附表6-10、附表6-11）

附表6-10 费用、经费申请单模板（以出差为例）

（出差）费用申请单

申请部门					出差人				
出差日期	____年____月____日至____年____月____日 共____天									
出差地区									
出差事由									
交通工具	□飞机　□火车（含高铁、城际铁路）　□汽车（自驾车、公共交通汽车） □其他　另附：_____								
申请费用	千	百	十	万	千	百	十	元	角	分
	_____万_____仟_____佰_____拾_____元整									
费用审核	部门审核			财务部门审核				总经理签字		
审核费用	_____元								
备注	1. 此申请单作为费用申请、借款、核销必备凭证 2. 如出差途中另有变动，应及时汇报进行变更 3. 本表共2联，一联交行政部存档，另一联交财务部门备案								

附表6-11 费用、经费报销单模板

申请部门				出差人					
出差日期	____年____月____日至____年____月____日								
出差费用明细	项目费/元	交通费/元	住宿费/元	餐补费/元	其他费用/元	合计/元				附件张
						千	百	十	万	千	百	十	元	角	分	
	合计金额（大写）					_____万_____仟_____佰_____拾_____元整				
财务人员审批					签字： 日期：				
财务主管审批					签字： 日期：				
报销费用	_____元								
财务复核		部门复核		经办人			报销人		

6.3.4 应付账款管理流程

应付账款是企业应支付但尚未支付的费用,包括手续费及佣金。应付账款是所有会计账目中必不可少的一项,用以核算企业因购买材料、商品和接受劳务供应等经营活动而发生的债务,是企业在购销活动中产生的一笔重要负债。

应付账款管理是对这部分资金进行管理,一方面尽可能缩短账款占用资金的时间,加快企业资金周转,提高企业资金使用率;另一方面又要以最小的坏账、死账代价来保证企业的资金安全,防范经营风险。从这个角度看,对应付账款进行管理必须有完善、科学合理的流程来保证,具体流程如图 6-5 所示。

按照规定,各部门若有应付账款,应先由主管部门填写申请表,提出申请,上交财务部门。经总经理、部门负责人签字同意后,才可上报财务部门。与此同时,在财务部门内部也需要经多个环节运作,制单、审核、做账等,不同环节的工作由不同角色的人员负责,如财务经理、会计师、出纳等。具体内容如表 6-5 所列。

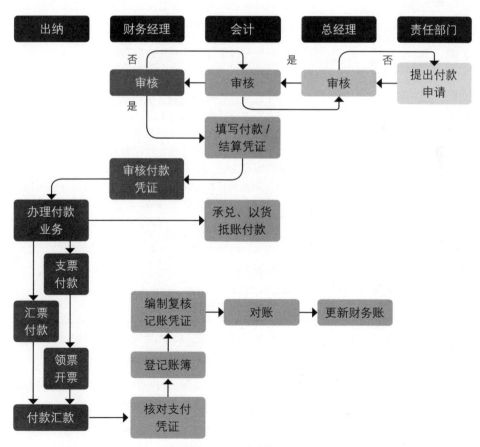

图 6-5 应付账款管理流程

表 6-5 应付账款管理流程说明

流程节点		责任人	工作说明
1	提出付款申请	业务执行人	经办人依据合同提出付款申请，并支取原始凭证，送交部门经理审核
	审核	业务部门负责人	按照部门预算计划，以及公司规定的权限审核，同意则送交会计审核，有异议则通知申请人修正、补充
		会计师	依据预算进行审核，并查询应付账款，依据合同相关条款，核对单据。通过则送交财务经理审核，有异议则通知申请部门拒付款
		财务经理	在权限内审核，并在付款申请书上注明付款方式和时间。批准则通知会计制证，不批准则通知申请部门拒付款
2	填写付款/结算凭证	会计师	按规定填写付款/结算凭证，交财务经理审核，再交出纳进行付款操作
3	审核付款凭证	财务经理	对所有付款凭证认真检查核对无误后，通知出纳办理付款业务
4	办理付款业务	出纳	（1）如果是以承兑付款、以货抵账付款的方式付款，则直接由会计办理付款手续； （2）如果是以支票的方式付款，则出纳登记支票领用本并开具支票，加盖印章，经办人在支票领用本上签字后领用支票，送交出纳办理付款； （3）如果是以汇票等方式付款，则出纳填写相应凭证和票据后，办理付款
5	付款汇款		按照付款方式办理付款/汇款
	核对支付凭证		按规定核对支付凭证，确保数额、内容等正确无误
6	登记账簿		登记应付账款明细账
7	编制复核记账凭证	会计师	根据已经支付的付款原始凭证编制付款记账凭证，并检查实际支付金额与发票金额是否相符
8	对账		定期或不定期编制应付账款对账函，与对方对账，并要求双方在对账函上签字盖章
9	更新财务账		将编制的记账凭证输入财务电脑系统，及时更新

附 应付账款管理流程所涉表单（附表6-12～附表6-14）

附表6-12 现金支票模板

××银行现金支票存根		××银行 现金支票 地名 支票号码
支票号码：	本支票付款期限十天	出票日期（大写） 年 月 日　付款行名称：_____
科目：_____		收款人：_____　出票人账号：_____
对方科目：_____		人民币（大写）　千 百 十 万 千 百 十 元 角 分
出票日期：年 月 日		
收款人：_____		用途：_____　科目（借）_____
金　额：_____		上列款项请从　对方科目（贷）_____
用　途：_____		我账户内支付　付讫日期 年 月 日
		出纳：____ 复核：____ 记账：____
		签字（盖章）：　贴对号单处　出　纳：____
单位主管：____ 会计：____		对号单：____

附表6-13 银行承兑汇票模板

付款期限 壹个月	××银行 银行汇票	2	地名	汇票号码 第　号
出票日期 年 月 日（大写）	兑付行：_____			行号：_____
收款人：_____	账号：_____			
出票金额	人民币（大写）	（压数机压印出票金额）		
实际结算余额	人民币（大写）	千 百 十 万 千 百 十 元 角 分		
申请人：_____	账号或住址：_____			
出票行：____ 行号：____	多余金额		科目（借）：_____
备注：_____	千 百 十 万 千 百 十 元 角 分		对方科目（贷）：_____
凭票付款 签字（盖章）：			兑付日期 年 月 日 复核：____ 记账：____

附表6-14 支付证明单模板

支 付 证 明 单				总号：____第____号		
科目：_____	____年__月__日			分号：____字第____号		
事由或品名	数量	单位	单价	金　额 万 千 百 十 元 角 分		
共计金额	万 仟 佰 拾 元 角 分 ¥_____					
受款人		未能取得单据原因				
主管人：____ 会计：____ 出纳：____ 记账：____ 证明人：____ 经手人：____						

6.3.5 应收账款管理流程

应收账款，是指企业在正常经营过程中因销售产品、提供劳务等业务，应向购买单位收取的款项。从账款分类上看，是伴随企业的销售行为发生而形成的一项债权，与企业收入密切相关。从这个角度看，对应收账款进行管理势在必行。

因此，为优化应收账款管理而建立的管理流程，目的就是及时收回应收账款，释放被购买单位所占用的资金，以弥补企业在生产经营过程中的各种耗费，保证企业持续经营。应收账款管理流程如图6-6所示。

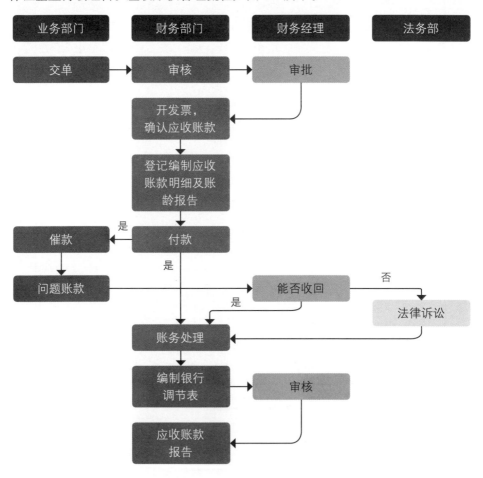

图6-6 应收账款管理流程

应收账款的管理部门通常为公司的财务部门和各执行业务的部门。财务部门负责数据传递和信息反馈，业务部门负责客户的联系和款项催收，财务部门和业务部门共同负责客户信用额度的确定。具体内容如表 6-6 所列。

表 6-6 应收账款管理流程具体内容

	流程节点	责任人	工作说明
1	交单	业务部门	提交销售合同、提单等单证给财务部门备案
	审核	财务部门	审核、查对业务人员提交的销售合同、提单及财务开票信息是否正确、一致。对合同约定的结算金额、结算方式、收款和开票约定、违约责任等条款要认真审核。无异议则送交财务经理审批
	审批	财务经理	对财务部门提交的报表进行审批，及时做出批示，无异议则通知财务部门开发票
2	开发票，确认应收账款	财务部门	对凭证审核无误的订单开具发票，确认销售收入和应收账款
3	登记编制应收账款明细及账龄报告		编制应收账款明细报告和账龄报告，为业务部门对应收款项的进行可收回性分析提供数据支持
4	确认是否按时付款	业务部门	根据合同规定的日期以及企业回款规定等，检查客户是否在期限内付款，货款是否到账、是否完全到账等，将应回而未回的款项编制应收账款明细表，通知业务部门催款，如已付款则进行账务处理
	催款		对逾期欠款，应会同财务部门制订相应措施，落实催收责任，及时组织催收欠款
5	问题账款		如出现问题账款，需分析回款对策，送交财务经理审批并协助财务部门分析是否能收回
	审核	财务经理	对于能够收回的账款，可协助业务人员与客户协商办理延期付款手续或要求客户及时付款，通知财务部门进行账务处理；如果不能收回则付诸法律
6	账务处理	财务部门	（1）应收款项在收回款项或货物后，要及时入账核销，冲减应收账款并更新记录； （2）对于确实无法收回的款项，按照规定审批程序批准后作为坏账损失处理。已处理的坏账要建立备查簿逐笔登记，以保留追索权
7	编制银行调节表		核对银行存款，编制银行存款余额调节表
	审核	财务经理	审核报表数据，严格把关
8	应收账款报告	财务部门	总结应收账款情况，并递交应收账款管理报告

附 应收账款管理流程所涉表单（附表6-15～附表6-19）

附表6-15 三栏式应收账款明细账模板

账户名称：

年		凭证号数	摘要	借方金额	贷方金额	借或贷	余额
月	日						

附表6-16 提货单模板

购货单位： 　　　　　购货日期： 　　　　　单号：

货品名称	产地	规格	仓位	数量	重量	单价/总价
备注						

制单人： 　　　　　提货人： 　　　　　提货时间：

提货地址： 　　　　　　　　　　　　　　仓库电话：

附表6-17 转账支票模板

××银行转账支票存根	××银行转账支票　　　　地名　　支票号码
支票号码 科目：_____ 对方科目：_____ 出票日期　年　月　日 收款人： 金　额： 用　途： 会计：	出票日期（大写）　年　月　日　　付款行名称： 收款人：　　　　　　　　　　　出票人账号： 人民币　　　　　　千百十万千百十元角分 （大写） 　　　　　　　　　　　　　　　科目（借）：_____ 用途：_____　　　　　　　对方科目（贷）：_____ 上列款项请从　　　　　　　　付讫日期　年　月　日 我账户内支付 签字（盖章）　　　　　　复核：　　　记账： （使用清分机的，此区域供打印磁性字码）

附表6-18 进账单模板

出票人	全称		持票人	全称		年 月 日 第 号									
	账号			账号											
	开户银行			开户银行											
人民币（大写）						千	百	十	万	千	百	十	元	角	分
票据种类															
票据张数						收款人开户银行盖章									

单位主管：　　　　　　　　　会计：
复核：　　　　　　　　　　　记账：

附表6-19 银行结算账户申请书模板

人民币结算业务申请书　　　　　　NO.：
年　　月　　日

□汇款　□银行汇票　□银行本票　　　　　　　　□普通　□加急

申请人	全称		收款人	全称											
	账号			账号											
	联系电话			地址											
	开户/汇出银行			开户/汇入银行											
金额	人民币（大写）					百	十	亿	千	百	十	万	千	百	十 元 角 分

□上列款项及相关费用请从上述账户内支付。
□上列款项请从上述账户内支付，并由（账号）_____账户支付相关费用。

支付密码
现金业务请填写
国籍：　　　　　身份证件类型：
职业：　　　　　证件号码：
其他附加信息及用途：

签字（盖章）：

银行专用栏：

6.3.6 筹资业务流程

为了加强企业对筹资业务的内部控制，控制筹资风险，降低筹资成本，防止筹资过程中的差错与舞弊，根据国家有关法律法规建立筹资业务流程。

在这个流程中，财务部门的职责就是审核筹资方案，对筹资方案的拟订、设计、筹资决策、程序等做出明确规定，控制和监督筹资业务决策环节的执行，确保筹资方式符合成本效益原则，筹资决策科学、合理、合法，具体流程如图6-7所示。

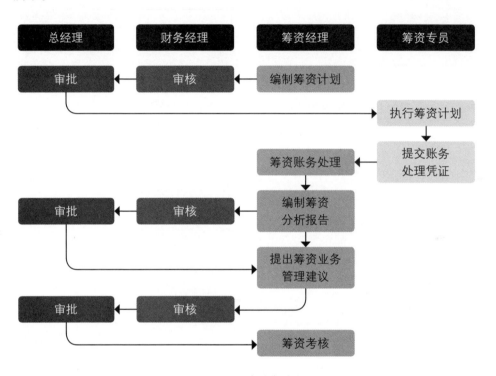

图6-7 筹资业务流程

在筹资业务流程中，要积极建立筹资业务的岗位责任制，明确有关部门和岗位的职责、权限，且同一部门或个人不得办理筹资业务的全过程，确保办理筹资业务的不相容岗位相互分离、制约和监督。因此，筹资业务工作流程在不同的节点，责任人和工作内容也有所不同，具体分工如表6-7所列。

表 6-7　筹资业务流程工作说明

	流程节点	责任人	工作说明
1	编制筹资计划	筹资经理	每年根据公司下年度的利润预算、投资计划及有关资金安排预测公司自由资金和长短期筹资规模，编制《筹资计划》，并送交上级领导审批
1	审核	财务经理	审核筹资计划，同意则报总经理审批；有异议则提出意见，返回筹资主管，重新对《筹资计划》进行修改
1	审批	总经理	审批财务经理提交的《筹资计划》，同意则通知财务部门执行
2	执行筹资计划	筹资专员	按照筹资计划开始筹资，与有关金融机构洽谈并办理相关筹资（融资）业务手续，按规定权限签署合同（协议）
3	提交账务处理凭证	筹资经理	将相关凭证如借款协议、汇票等，给财务部门相关人员进行账务处理
3	筹资账务处理	筹资经理	根据审核后的相关凭证，按照股份公司内部会计制度进行账务处理
4	编制筹资分析报告	筹资经理	根据公司资金状况和金融业务市场的变化，编制筹资分析报告
4	审核	财务经理	审核筹资分析报告，同意则上报总经理审批，有异议则提出意见并通知筹资经理重新编制
4	审批	总经理	审批筹资分析报告，同意则返回筹资经理处；有异议则提出意见，并通知财务经理重新编制
5	提出筹资业务管理建议	筹资经理	提出筹资业务管理建议，进一步完善筹资方案
5	审核	财务经理	审核相关建议，同意则报总经理审批
5	审批	总经理	做出具体批示，若有问题则反馈给财务部门改进
6	筹资考核	筹资经理	对筹资活动的执行进行考核，提出考核建议并进行考评

附 筹资业务流程所涉表单（附表6-20）

附表6-20　筹资计划书

企业筹资计划书

公司名称：

目录
（略）
一、筹资说明
　　1. 筹资额度：_____
　　2. 筹资介绍：（为什么筹资）
　　3. 筹资用途：（怎么用）
　　4. 筹资回报：（投资动力）
　　5. 筹资情况表：

股权筹资计划

筹资情况					
上市计划	上市时间	上市地点	资金投向	筹资金额/亿元	出让股份
补充流动资金					
投入固定资产					
收购股权					
资金使用情况					
研发投入					
渠道投入					
团队投入					

二、战略定位（一句话描述公司）
　　1. 优势：
　　2. 差异：
三、市场规模
　　1. 发展趋势：
　　2. 国际趋势：
　　3. 国家政策：
　　4. 行业发展：
　　5. 行业需求预测：（过去三年和未来三年行业增长）

续表

年份	收入/万元	增长率/%
过去3年		
未来3年	（预计）	（预计）

  6. 行业需求驱动因素：（行业凭什么增长）
四、商业模式
  1. 为谁做：（客户）
  2. 做什么：（产品）
  3. 怎么做：（渠道）
五、自主创新
  1. 商业模式创新：
  2. 产品服务创新：
六、增长策略
  1. 收入增长

年份	收入/万元	增长率/%	客户数量/个	区域（城市）

  2. 收入增长策略
七、管理团队

创始人		职务		背景
高管1		职务		背景
高管2		职务		背景
高管3		职务		背景

续表

八、股权结构
    1. 创立时间：
    2. 注册资本：
    3. 注册地点：
    4. 股权结构：

九、竞争分析
    1. 优势（S）
    2. 劣势（W）
    3. 机遇（O）
    4. 威胁（T）
（上一年度数据，单位：万元）
    5. 行业标杆

年份	优势	劣势	营业额	毛利率 /%	净利润率 /%

十、营销策略
    1. 产品策略：
    2. 价格策略：
    3. 渠道策略：
    4. 推广策略：

十一、盈利预测
财务指标

年份	收入 / 万元	增长率 /%	毛利率 /%	净利润 / 万元	净利润率 /%

十二、资金风险控制
外部风险
    1. 政策风险：
    2. 技术及专利风险：
    3. 市场风险：
内部风险
    1. 对公司关键人的依赖风险：
    2. 生产风险：
    3. 法律风险：
    4. 破产风险：

6.3.7 企业内部财务审计流程

企业内部财务审计是指企业内部审计机构或审计人员,按照国家法律法规、企业管理制度等对企业及其所属单位的财务管理、会计核算进行审查、监督和评价的财务活动。具体内容包括内控制度是否健全、有效,财务信息是否真实、正确,是否有违法乱纪行为,是否坚决维护企业的经济秩序,具体流程如图6-8所示。

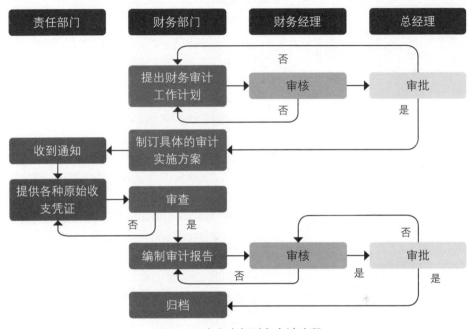

图6-8 企业内部财务审计流程

企业开展内部财务审计,主要目的是防止出现局部利益损害企业整体利益的情况。因此,在开展具体工作时,一般要设独立于各个职能部门的审计机构,由本单位专职的内部审计机构或审计人员组成,对企业内各分公司、各部门的经营活动予以相对独立的鉴定与评价,以便保证审计的公平性、公正性。具体工作内容如表6-8所列。

表6-8 企业内部财务审计工作内容

	流程节点	责任人	工作说明
1	提出财务审计工作计划	财务部门	按照上级审计部门和本公司的工作部署确定年度审计工作重点,编制年度审计工作计划
	审核	财务经理	审核财务审计工作计划,通过则报送总经理审批,有异议则提出意见,返回财务部门修正改善

续表

流程节点		责任人	工作说明
1	审批	总经理	对财务审计工作计划审批,同意则通知执行,不同意则返回重新修改
2	制订具体的审计实施方案	财务部门	包括确定具体的审计时间、内容、类型,如资金审计、利润审计、应收账款审计,并向相关部门下达审计通知书
3	收到通知	相关部门	按照审计通知书做好审计准备
3	提供各种原始收支凭证	相关部门	根据审计要求为审计工作人员提供各种原始收支凭证、会计报表、有关文件、资料、合同、协议,以及现金实物、有价证券等
3	审查	相关部门	运用检查、监盘、观察、查询及函证、计算、分析性复核等方法,审查相关凭证
4	编制审计报告	财务部门	对审计事项实施审计后,据实提出审计报告,并提交上级审核。提交审计报告前,应征求被审核部门的意见,如有异议,应及时核实、修改,提出相关意见再提交上报
4	审核	财务经理	审核审计报告,处理审计人员提出的审计意见,同意则送交总经理审批,不同意则返回修正
4	审批	总经理	对审计报告予以批示,批准则进行后续工作,有异议则提出意见,返回财务经理调查、修正
5	归档	财务部门	将相关审计资料、文件等整理存档,以备查用

附 企业内部财务审计流程所涉表单（附表6-21～附表6-23）

附表6-21 审计通知书（模板）

```
_____市审计局审计通知书审通____〔    〕____号
    关于对_____单位_____部门进行审计的通知

_____公司:
    根据我局本年度工作计划,兹订于____年__月__日起,对你单位_____部门
_____年全年的财务收支情况进行就地审计,预计审计____天。请做好有关资料的
准备工作,对审计组的工作予以积极配合。
    审计组长:_____;职务(职称):_____
    审计组员:_____、_____、_____
    特此通知。

                                              ____市审计局(印)
                                              ____年____月____日
```

审计通知书一般以正式公文的形式发出，其结构也与行政公文的格式相同，即通常由文件名称、发文字号、标题、主送机关、正文、落款、注意事项等组成。

（1）标题

一般由审计机关名称和文种"审计通知书"构成，如"××市审计局审计通知书"。如果这是作为文头部分的文件名称使用，可另外拟制标题，这种标题与行政公文中的通知标题形式完全一样，可参照制作。

（2）主送机关

主送机关，即受文单位。一般审计通知书的受文单位即为被审计单位；授权审计通知书的受文单位则为下级审计机关；而移送处理意见通知书的受文单位一般为被审计单位的主管部门、监督部门或司法部门等。

（3）正文

不同种类的审计通知书，其正文内容各有不同，但是大同小异。现就一般审计通知书正文的内容做如下介绍。其他审计通知书可参照这种格式内容略做改动即可。一般审计通知书的正文应包括以下内容：

① 审计时间。即从什么时候开始审计，预计持续多长时间。

② 审计内容的时间范围。即审计对象的跨越时间期限，如"对你单位2018年全年的财务收支情况进行审计"，其中"2018年全年"是审计内容的时间范围。

③ 审计的内容。即审计对象，如"××××年的财务收支情况审计"。

④ 审计的方式。即实施审计的地点，一般有送达审计和就地审计两种方式。

⑤ 审计的有关要求。如做好自查工作、资料准备工作、配合审计组或审计人员做好工作，等等。

⑥ 审计组成员名单。

（4）落款

审计通知书的落款部分包括审计机关签署并加盖印章，注明发文日期。文尾注明抄送单位。

（5）注意事项

一是审计时间要确切；二是审计范围要清楚；三是审计方式要明晰；四是文字表述要准确。

附表 6-22　审计检查表

记录编号：

受审查部门		部门负责人	
内审员		审核日期	
审核过程及记录			
审核依据	序号	审核内容及方法	审核记录
	1		
	2		
	3		
	4		
	5		

编制：（内审员）　　　　　　　　　　　批准：（审核组长）
日期：　　　　　　　　　　　　　　　　日期：

附表 6-23　审计报告模板

关于深圳市××有限公司财务报表审计报告

深圳市××有限公司：

我们审计了贵公司的财务报表，包括____年12月31日的资产负债表，____年度的利润表、股东权益变动表和现金流量表，以及财务报表附注。

1. 管理层对财务报表的责任

编制和公允列报合并财务报表是贵公司管理层的责任，这种责任包括：（1）按照企业会计准则的规定编制合并财务报表，并使其实现公允反映；（2）设计、执行和维护必要的内部控制，以使合并财务报表不存在由于舞弊或错误导致的重大错报。

2. 注册会计师的责任

我们的责任是在实施审计工作的基础上对财务报表发表审计意见。我们按照中国注册会计师审计准则的规定执行审计工作。中国注册会计师审计准则要求我们遵守职业道德规范，计划和实施审计工作以对财务报表是否不存在重大错报获取合理保证。

审计工作涉及实施审计程序，以获取有关财务报表金额和披露的审计证据。选择的审计程序取决于注册会计师的判断，包括对由于舞弊或错误导致的财务报表重大错报风险的评估。在进行风险评估时，我们考虑与财务报表编制相关的内部控制，以设计恰当的审计程序，但目的并非对内部控制的有效性发表意见。审计工作还包括评价管理层选用会计政策的恰当性和做出会计估计的合理性，以及评价财务报表的总体列报。

我们相信，我们获取的审计证据是充分、适当的，为发表审计意见提供了基础。

3. 审计意见

我们认为，深圳市××有限公司财务报表已经按照企业会计准则的规定编制，

续表

> 在所有重大方面公允反映了深圳市××有限公司____年12月31日的财务状况以及____年度的经营成果和现金流量。
>
> 4. 强调事项
>
> 我们提醒财务报表使用者关注，深圳市××有限公司自成立以来一直处于亏损状态，____年经营亏损为_____元，至_____年12月31日累计亏损_____元，公司净资产为_____元，持续经营能力存在重大不确定性。本段内容不影响已发表的审计意见。
>
> 深圳会计师事务所有限公司 中国注册会计师
>
> 地址：中国·深圳_____会计师
>
> 电话：_____
>
>   ____年____月____日

审计报告由六个部分组成，分别为标题、收件人、范围段、意见段、签章和会计师事务所地址、审计报告日期。

（1）标题

关于审计报告的标题，在世界各国范围内叫法很多，如注册会计师的报告、注册会计师意见等，我国审计报告的标题统一规范为"关于××审计报告"。

（2）收件人

收件人指审计业务的委托人。审计报告应载明收件人的全称，如"××电器股份有限公司"，不能简写为"××公司"。另外，收件人的全称应由注册会计师手书或计算机打印，而不能以盖上收件人行政公章来代替，这是公文的基本要求。

（3）范围段

审计报告的范围段中应说明以下内容：

① 已审计会计报表的名称、反映的日期或期间。在审计报告中使用的专业术语为："我们接受委托，审计了贵公司××年12月31日的资产负债表及××年度利润表和现金流量表。"

② 会计责任和审计责任。对于说明两个责任的审计报告规范用词是："这些报表由贵公司负责，我们（指注册会计师）的责任是对这些会计报表发表审计意见。"

③ 审计依据。审计依据，指注册会计师执行审计业务的依据，即"中国注册会计师独立审计准则"。在审计报告中的规范用语是"我们的审计是依据中国注册会计师独立审计准则进行的"。

④已实施的审计程序。原则上，注册会计师应该按照独立审计准则的要求实施预定的审计程序。因此，审计报告对此的规范用语为"我们结合贵公司实际情况，实施了包括抽查会计记录等我们认为必要的审计程序"。

（4）意见段

该段落用于注册会计师客观地发表意见。按规定应说明以下内容：

①被审计单位会计报表的编制是否符合《企业会计准则》及国家其他有关财务会计法规（在审计报告该段落中一般指明是企业会计制度）的规定。

②会计报表在所有重大方面是否公允地反映了被审计单位资产负债表日的财务状况和所审计期间的经营成果、现金流量情况。

③会计处理方法的选用是否符合一贯性原则。

（5）签章和会计师事务所地址

注册会计师在审计报告中完成了上述内容的说明外，还应在审计报告的结尾部分签名、盖章，并加盖会计师事务所公章，标明会计师事务所的地址。

（6）审计报告日期

审计报告日期，是指注册会计师完成外勤审计工作的日期。一般情况下，审计报告日期不应早于被审计单位管理当局确认和签署会计报表的日期。

6.3.8 纳税申报流程

纳税申报，是指纳税企业，按照税法规定的期限和内容向税务机关提交有关纳税事项书面报告的一种行为。纳税，是纳税人必须履行的纳税义务、承担的法律责任，是企业财务部门一项重要的工作内容，具体的纳税申报流程如图6-9所示，纳税申报流程的工作说明如表6-9所列。

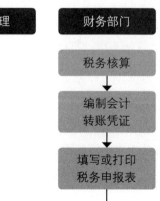

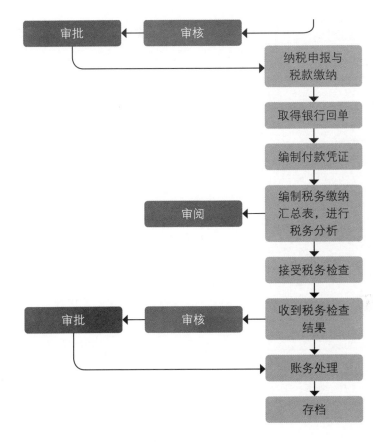

图 6-9 纳税申报流程

表 6-9 纳税申报流程工作说明

	流程节点	责任人	工作说明
1	税务核算	财务部门	财务部门在应纳税事项发生后,在税务部门规定的时限内及时按计税基数和法定税率进行税务核算
2	编制会计转账凭证		根据税务核算的结果编制会计转账凭证,并取得财务经理的签字认可
3	填写或打印税务申报表		(1) 如通过网上申报的税款,则税务会计在线填写纳税申报表,在提交给税务部门前,打印纳税申报表; (2) 如通过税务柜面申报的税款,则由税务会计书面填写纳税申报表

续表

流程节点		责任人	工作说明
3	审核	财务经理	对纳税申报表进行审核,并签字
	审批	总经理	按权限对纳税申报表进行审批
4	纳税申报与税款缴纳	财务部门	税务会计根据审批后的纳税申报表,办理网上申报或柜面申报,组织资金缴纳税款
5	取得银行回单		税务缴纳完成后,税务会计应取得纳税的银行回单,柜面申报的还应取得税务部门审核盖章的纳税申报表
6	编制付款凭证		根据银行回单和纳税申报表编制付款凭证
7	编制税务缴纳汇总表,进行税务分析		(1)至少每半年编制一次税务缴纳汇总表,经财务部门负责人审核后,提交公司管理层; (2)根据税务部门要求及公司管理要求进行税务分析
	审阅	财务经理	审阅税务缴纳汇总表、税务分析,为日后的税务管理提供数据支持
8	接受税务检查	财务部门	在接到税务检查通知之后,应按照税务部门所出的程序规则,首先进行税务自查,如果发现了税务问题,要主动申报,主动更正
	收到税务检查结果		收到税务部门出具的税务检查结果,应及时报上级领导
	审核	财务经理	按权限对财务部门提交的税务检查结果进行审核
	审批	总经理	对涉税补缴金额在规定金额(含)以上的、有税收罚款或有纳税争议的情况进行审批
9	账务处理	财务部门	根据税务检查结果补缴税款及滞纳金等(如果需要),并做相应账务处理
10	存档		保管税务证件、各种纳税资料档案(申报表及附件、代扣代缴税金申报及附件、完税证、涉税调整工作底稿、递延税金登记表等)及与税务局、税务代理往来的各种函件

附 纳税申报流程所涉表单（附表6-24~附表6-26）

附表6-24 中华人民共和国企业所得税月（季）度预缴纳税申报表（A类）

税款所属期间：　　年　月　日至　　年　月　日

纳税人识别号（统一社会信用代码）：□□□□□□□□□□□□□□□□□□

纳税人名称：　　　　　　　　　　　　　　金额单位：人民币元（列至角分）

预缴方式	☐ 按照实际利润额预缴	☐ 按照上一纳税年度应纳税所得额平均额预缴	☐ 按照税务机关确定的其他方法预缴
企业类型	☐ 一般企业	☐ 跨地区经营汇总纳税企业总机构	☐ 跨地区经营汇总纳税企业分支机构

行次	项目	本年累计金额
预缴税款计算		
1	营业收入	
2	营业成本	
3	利润总额	
4	加：特定业务计算的应纳税所得额	
5	减：不征税收入	
6	减：免税收入、减计收入、所得减免等优惠金额（填写A201010）	
7	减：固定资产加速折旧（扣除）调减额（填写A201020）	
8	减：弥补以前年度亏损	
9	实际利润额（3+4-5-6-7-8）按照上一纳税年度应纳税所得额平均额确定的应纳税所得额	
10	税率（25%）	
11	应纳所得税额（9×10）	
12	减：减免所得税额（填写A201030）	
13	减：实际已缴纳所得税额	
14	减：特定业务预缴（征）所得税额	
15	本期应补（退）所得税额（11-12-13-14）\税务机关确定的本期应纳所得税额	
汇总纳税企业总分机构税款计算		
16	总机构填报	总机构本期分摊应补（退）所得税额（17+18+19）	
17		其中：总机构分摊应补（退）所得税额（15×总机构分摊比例__%）	
18		财政集中分配应补（退）所得税额（15×财政集中分配比例__%）	
19		总机构具有主体生产经营职能的部门分摊所得税额（15×全部分支机构分摊比例__%×总机构具有主体生产经营职能部门分摊比例__%）	

续表

20	分支机构填报	分支机构本期分摊比例	
21		分支机构本期分摊应补（退）所得税额	

附报信息				
高新技术企业	□是 □否	科技型中小企业		□是 □否
技术入股递延纳税事项	□是 □否			

按季度填报信息			
季初从业人数		季末从业人数	
季初资产总额（万元）		季末资产总额（万元）	
国家限制或禁止行业	□是 □否	小型微利企业	□是 □否

谨声明：本纳税申报表是根据国家税收法律法规及相关规定填报的，是真实的、可靠的、完整的。

　　　　　　　　　　　　　　　　　　　　纳税人（签章）　　　年　月　日

经办人：　　　　　　　　　　　　　　　　受理人：
经办人身份证号：
代理机构签章：　　　　　　　　　　　　　受理税务机关（章）：
代理机构统一社会信用代码：　　　　　　　受理日期：　　　年　月　日

国家税务总局监制

附表6-25　中华人民共和国企业所得税月（季）度预缴和年度纳税申报表（B类）

税款所属期间：　　　年　月　日至　　　年　月　日

纳税人识别号（统一社会信用代码）：□□□□□□□□□□□□□□□□□□

纳税人名称：　　　　　　　　　　　　　　金额单位：人民币元（列至角分）

核定征收方式	□核定应税所得率（能核算收入总额的）
	□核定应税所得率（能核算成本费用总额的）
	□核定应纳所得税额

行次	项　目	本年累计金额
1	收入总额	
2	减：不征税收入	
3	减：免税收入（4+5+8+9）	
4	国债利息收入免征企业所得税	
5	符合条件的居民企业之间的股息、红利等权益性投资收益免征企业所得税	
6	其中：通过沪港通投资且连续持有H股满12个月取得的股息红利所得免征企业所得税	
7	通过深港通投资且连续持有H股满12个月取得的股息红利所得免征企业所得税	
8	投资者从证券投资基金分配中取得的收入免征企业所得税	

续表

9	取得的地方政府债券利息收入免征企业所得税	
10	应税收入额（1-2-3）\ 成本费用总额	
11	税务机关核定的应税所得率（%）	
12	应纳税所得额（第10×11行）\［第10行÷（1－第11行）×第11行］	
13	税率（25%）	
14	应纳所得税额（12×13）	
15	减：符合条件的小型微利企业减免企业所得税	
16	减：实际已缴纳所得税额	
17	本期应补（退）所得税额（14－15－16）\ 税务机关核定本期应纳所得税额	

按季度填报信息			
季初从业人数		季末从业人数	
季初资产总额（万元）		季末资产总额（万元）	
国家限制或禁止行业	□是 □否	小型微利企业	□是 □否

按年度填报信息		
小型微利企业	□是 □否	

谨声明：本纳税申报表是根据国家税收法律法规及相关规定填报的，是真实的、可靠的、完整的。

纳税人（签章） 年 月 日

经办人：	受理人：
经办人身份证号：	
代理机构签章：	受理税务机关（章）：
代理机构统一社会信用代码：	受理日期： 年 月 日

国家税务总局监制

附表6-26 中华人民共和国扣缴企业所得税报告表

○法定源泉扣缴申报 ○指定扣缴申报 ○自行申报 金额单位：人民币元（列至角分）

扣缴义务人基本信息			
纳税人识别号（统一社会信用代码）：	□□□□□□□□□□□□□□□□□□		
名　　称	中文：	外文：	
地　　址	中文：	外文：	
联系人		联系方式	邮政编码

纳税人基本信息			
纳税人识别号（统一社会信用代码）：	□□□□□□□□□□□□□□□□□□		
境外成立地代码		境外成立地纳税人识别号	
境内名称	中文：	外文：	
在境外成立地法定名称	中文：	外文：	

续表

在境外成立地地址	中文：		外文：	
申报所得类型及代码				
联系人		联系方式		邮政编码

法定源泉扣缴和自行申报情况				
合同名称			合同编号	
合同执行起始时间		合同执行终止时间	合同总金额	币种
扣缴义务发生时间：	○支付，支付日期： 年 月 日 ○到期应支付			

行次	项目			依法申报数据
1	本次申报收入	人民币金额		
2		外币	名称	
3			金额	
4			汇率	
5			折算人民币金额 5=3×4	
6		收入合计 6=1+5		
7	应纳税所得额的计算	扣除额		
8		应纳税所得额 8=6−7		
9	应纳企业所得税额的计算	适用税率（10%）		
10		应缴纳的企业所得税额 10=8×9		
11		减免企业所得税额 11=12+13		
12		其中：享受协定待遇	项目＿＿＿＿（减免性质代码）	
13		享受国内税收优惠	项目＿＿＿＿（减免性质代码）	
14		实际应缴纳的企业所得税额 14=10−11		

主管税务机关指定扣缴情况		
指定扣缴文书编号		税款计算方法：○按核定利润率计算， 核定利润率水平：＿＿＿＿% ○其他
扣缴义务发生时间：○支付 支付日期： 年 月 日支付金额（人民币）： 元 ○其他		
本次扣缴税款金额（人民币）		

声明：此表是根据国家税收法律法规及相关规定填写的，对填报内容（及附带资料）的真实性、可靠性、完整性负责。

纳税人或扣缴义务人（签章）： 年 月 日

经办人签字：	受理人：
经办人身份证件号码：	
代理机构签章：	受理税务机关（章）：
代理机构统一社会信用代码：	受理日期： 年 月 日

国家税务总局监

第 7 章

市场部门管理流程设计关键词
立足市场，抓痛点需求

　　一个能帮企业持续盈利，并打败竞品，长期立于不败之地的产品必定是符合市场需求、能占领消费者心智资源的。因此，企业一定要深入市场，及时了解市场，并根据市场变化做出最符合实际的决策，以真正迎合消费者的痛点需求。而实现这一切的前提就是做好市场调研工作。

7.1 市场部门流程化管理的作用
——立足调研，为精准营销做足准备

企业在发布一个新产品之前要做好充分的准备，首先要从市场入手，做好市场调研。市场调研是企业营销活动的重要组成部分，是产品进入市场的第一步，也是至关重要的一步。一个产品的生产与制造不是随随便便就可以定下来的，必须结合市场信息做针对性的分析和改进，如市场供求、消费者的消费偏好、同行的竞争情况等。只有对这些信息进行充分了解，深入分析，才有可能生产出符合消费者需求的产品，实现精准营销。

案例1

> 20世纪80年代初，日本三菱公司驻北京的一位销售员十分优秀，他的任务就是每星期写一份关于中国汽车市场的报告。他经常深入市场，听客户谈话、讨论问题，很快便了解了消费者的偏好，及中国对进口小轿车的有关规定，从而真正接地气地摸清了北京地区小轿车的市场情况。
>
> 当时，中国对各国企单位购买进口小轿车都有严格的限制，但对购买装载生产用具、物料的面包车的审批则比较宽松。最后，他把这个情况很快报告了总部，三菱公司决策人员马上决定大批生产面包车。不久，日本面包车大量进入中国市场，赚得盆满钵满。

互联网、移动互联网时代，是信息大爆炸的时代，而信息就是财富，谁掌握了信息，谁就会赢得主动，赢得先机。谁掌握的信息最多，谁的信息最准确及时，谁最会利用信息，谁就是财富的拥有者。

市场调研是企业获取信息的重要通道，是连接企业与市场的桥梁，它能直接接触到一线市场、消费者，从而及时、准确地捕捉信息、搜集信息。市场调研获取的信息类型如图7-1所示。

企业的生存与发展需要大量最近、最新的市场信息来支撑，市场调研无疑是信息获取的重要途径。而市场调研工作通常由企业的市场部门来做，市场部门是企业的"情报部门"，其主要职责之一就是搜集目标市场的信息，确保企业对市场的主动权。

然而，很多事情并不意味着只要做了就一定有效果，尤其是信息这种"短命"资源，很难把握。因此，很多由调研得来的信息可能都是过时的、无用的。那么，如何抓住市场最敏感的信息呢？这就需要一套完善的流程来保障。

市场供求信息	消费者信息	竞争对手信息	经营效果信息
包括市场需求量、供求平衡状况；最大潜在需求量；各个细分市场的绝对占有率和相对市场占有率；未来可能有的变化和发展趋势等	目标受众的年龄、性别、地区、消费习惯；购买动机、购买频率及每次的购买数量；喜欢的品牌及原因；对新产品的反应及其对企业的要求和意见等	关于竞品的更新状况、销售价格、分销渠道及网点设置、竞争者的促销手法的变化、目标市场及市场占有率的变化等，以及所具有的优势	关于企业经营过程中所采取的各种营销策略的效果，如产品包装的改变、价格的改变、销售渠道的变化等

图 7-1 市场调研获取的信息类型

7.2 市场调研流程化设计的主要内容

一项完整的市场调研工作大致包括 7 个流程，分别为确定调研目标，制订调研计划，确定调研方法，确定调研对象、时间、地点及调研人员等，形成调研方案，汇总调研信息并撰写调研报告，存档。具体如图 7-2 所示。

（1）确定调研目标

明确目标是做好市场调研工作的前提，因为只有有了目标，才有方向，才能保证市场调研活动沿着制订的方案和策略坚定不移地执行。因此，在做市场调研前，需要先明确调研的目标、调研的方向，以及对市场进行科学的预判和战略规划。

（2）制订调研计划

在制订调研工作计划时，首先，应该组织领导及人员配备，之后进行访问人员的招聘及培训，将调研项目的整个过程安排一个时间表，确定好经费预算、人员分工及其工作进度等。

一个完善的市场调研计划通常包括调研要求、调研对象、调研表、调研范围、抽取样本、收集资料和整理方法。

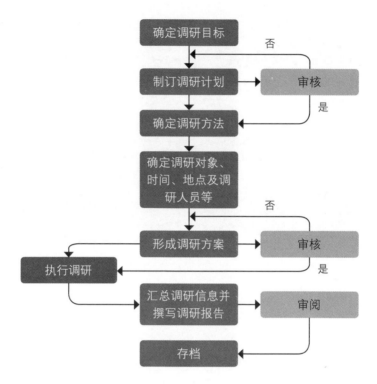

图7-2 市场调研工作总流程示意图

（3）确定调研方法

根据调研计划及方向，确定相应的调研方法。

（4）确定调研对象、时间、地点及调研人员等

确定调研对象、时间、地点等，并立即组织实施，确保做好实地调查的组织工作，以便更好地协调、控制工作。

（5）形成调研方案

对调查资料进行整理和分析，整理好后，形成调研方案。由调查人员对调查表进行逐份检查，以便于对数据进行统计、总结，为调研报告的撰写打基础。

（6）汇总调研信息并撰写调研报告

汇总调研信息，撰写调研报告。市场调研报告要按规范的格式撰写。

（7）存档

存档是市场调研的最后一项工作内容。

一份完整的市场调研报告格式由题目、目录、概要、正文、结论、建议和附件等组成。

7.3 市场调研工作中常用的流程模块

做好市场调研工作有几个关键环节在任何时候都不能缺少，如预判和分析、调研方案和计划的制订、调研报告的撰写，等等。这是建立有效的市场调研管理的必做步骤。下面将重点对市场调研工作中这些常规流程进行详细阐述，仅供参考，具体如表7-1所列。

表7-1 市场调研工作流程说明

	流程节点	责任人	工作说明
1	提出和发现问题，确定调研目标	市场调研主管	分析企业现状，企业面临的问题及存在的潜在问题，企业希望的未来市场的状况，以拟订调查目标
2	确定调研课题		（1）收集资料，确定收集资料的范围，包括市场状况、产品变化情况、企业内部环境等； （2）根据收集到的资料，确定调研课题
	审核	市场经理	对市场调研主管提出的调研课题进行审核，提出意见
3	确定调研方法		根据企业调研的目的，选择合适的调研方法，如观察法、实验法、问卷调查法、访谈法等
4	确定调研对象、时间、地点及调研人员等	市场调研主管	按照已经确定的调研目标，确定调研对象，选择适合的市场调研人员，安排具体的时间、地点等，做出有序安排
5	形成调研方案		制订调研进度计划
	审核	市场经理	审核调研计划，同意则通知执行调研，不同意则返回市场调研主管处重新拟订调研计划
6	执行调研	市场调研专员	按照调研计划和时间安排等进行调研活动
7	汇总调研信息并撰写调研报告	市场调研主管	在市场调研结束后的3～5日内，汇总分析调研信息，撰写调研报告，并提交市场经理审阅
	审阅	市场经理	阅读调研报告，并审核签字
8	应用存档	市场调研主管	将市场调研结果应用于市场营销，同时将相关资料、调研报告存档，以备查用

7.3.1 市场预测与分析流程

对市场进行预测和分析是正式开展调研工作前需要做的一系列"热身"活动。这就像跑步运动员，为避免受伤，在跑步前一定要做些热身运动一样，而且根据所跑的公里数，热身的时间长短也不同，公里数越长，热身越要充分、彻底。市场调研也是同样的道理。面对陌生的市场，随随便便开展调研工作很容易"受伤"，更重要的是无法扬长避短，将自身优势发挥出来，避免短板和劣势。因此，做调研工作的第一步就是先对市场进行一番预测和分析。

对市场进行预测和分析，需要重点做好两方面的工作：第一，分析企业现状，明确企业优势、现存问题、还有哪些潜在问题；第二，收集资料，包括市场状况、企业内部环境分析、产品变化情况、消费者的意见和看法等，并根据收集到的资料，明确调研课题，以拟订调查方案，撰写预测报告。具体的流程如图7-3所示。

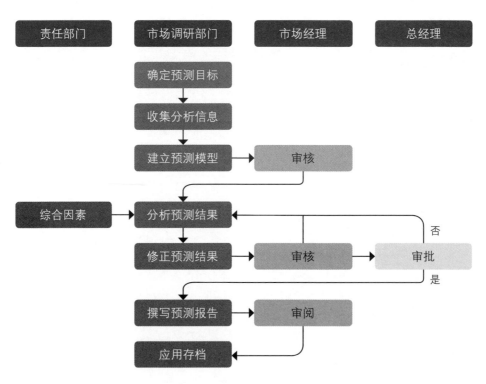

图 7-3　市场预测与分析流程

市场预测和分析是市场部门的一项主要工作，且所有工作基本上都由该部门独自完成。但在整个流程中，分工是非常明确的，部门一般需要成立专门的调研小组，全权负责调研工作的组合和开展，建立预测模型、分析预测结果、修正预测结果等，部门经理负责审核、批复以及向上级申报，调研人员负责实地执行。

为进一步明确各人员的职责，现对整个流程中各个环节的责任人、工作内容进行说明，具体内容如表 7-2 所列。

表 7-2 市场预测与分析流程工作内容

流程节点		责任人	工作内容
1	确定预测目标	调研小组	当企业进行战略调整或市场调整、制订销售计划、有新产品上市时，需进行市场预测，并需根据不同的预测需求确定市场预测目标，制订预测计划
2	收集分析信息	市场调研人员	收集、整理并核实各类市场营销信息，包括企业内外部环境、资源条件、竞争对手的市场信息等
3	建立预测模型	调研小组	根据预测目标，选择合适的预测方法，并建立预测模型，推导出预测期内的预测结果
	审核	部门经理	审核市场预测模型，并提出意见
4	综合因素	相关部门	协助市场调研部门进行市场预测结果分析
	分析预测结果	调研小组	运用检验方法评价预测结果，分析预测误差
	修正预测结果		根据评价结果修正和调整预测结果
5	审核	市场经理	对修正的预测结果进行审核，并提出意见
	审批	总经理	对修正的预测结果进行审批签字
6	撰写预测报告	调研小组	根据预测过程编制、撰写预测报告
	审阅	市场经理	对预测结果和报告进行阅读和审核
7	应用存档	调研小组	应用预测结果，对预测过程中形成的资料进行汇总、整理和保存

7.3.2 市场调研方案制作流程

市场调研方案是指在正式调查之前，根据市场调研的目的和要求，对各个方面和各个阶段所做的通盘考虑和安排。例如，按照既定调研目标，确定调研范围、调研对象，选择适合的执行人员、具体的时间、进程安排等。

市场调研方案是否科学、可行，关系到整个调研工作的成败。那么，如何制作出一份科学合理的市场调研方案呢？具体流程及流程执行说明分别如图 7-4 所示、如表 7-3 所列。

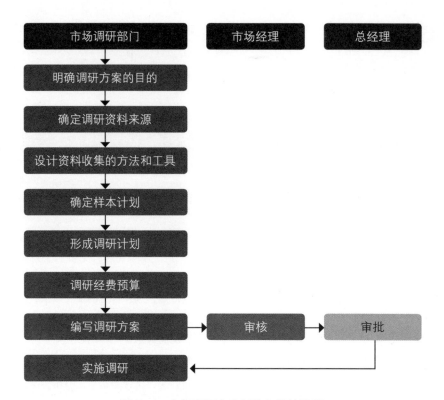

图 7-4　市场调研方案制作与设计流程

表 7-3　市场调研方案设计流程执行说明

	流程执行	责任人	说明
1	明确调研方案的目的	调研小组	根据调研需求确定调研方案的目的,如降低成本、把握某一时期内的市场现状等
2	确定调研资料来源		明确获取调研资料的来源和途径,包括已有的内部营销资料和外部收集的资料
3	设计资料收集的方法和工具		根据调研目的确定调研资料收集方法和工具,包括电话收集、网络收集以及第三方资料收集等
4	确定样本计划		确定调研样本计划,进行样本确定、样本抽取和样本证实
5	形成调研计划		确定调研的期限和进度,包括进度的具体阶段划分以及调研的总体期限
6	调研经费预算		根据调研所需的时间、成本等进行调研经费预算

续表

流程执行		责任人	说明
7	编写调研方案	调研小组	根据前述步骤所确定的目标、内容编写调研方案，调研方案的编写要全面、可操作
	审核	市场经理	审核调研方案，并提出意见
	审批	总经理	审批调研方案，同意则亲自确认，通知开始实施；不同意则返回市场经理重新编制
8	实施调研	调研小组	根据审批通过后的调研方案实时调研

一份完整的市场调研方案大体可分为6个部分，分别为标题、目录、前言、调研目的、调研内容、结束语。其中调研内容是重中之重，由于是收集资料的依据，是为实现调查目标服务的，需要重点突出。根据内容的性质，调查内容由以下4个板块构成。

（1）调查对象

市场调查对象一般为消费者、零售商、批发商、同类品牌或产品等。当然，这些对象很少同时出现，一般可根据调查主题、调查范围进一步缩小，重点围绕某一个对象进行。

例如，一份关于产品消费群体分析的调查，就是以消费者为主要调查对象。这时，整个市场调研方案都要围绕目标消费者展开。一份关于产品竞品分析的调查，重点是以同类企业、品牌和产品为调查对象。

（2）调查范围

调查地区范围应与企业产品销售范围相一致，当在某一城市做市场调查时，调查范围应为整个城市；但由于调查样本数量有限，调查范围不可能遍及城市的每一个地方，一般可根据城市的人口分布情况，主要考虑人口特征中的收入、文化程度等因素。在城市中划定若干个小范围调查区域，划分原则是使各区域内的综合情况与城市的总体情况分布一致，将总样本按比例分配到各个区域，在各个区域内实施访问调查。这样可相对缩小调查范围，减少实地访问工作量，提高调查工作效率，减少费用。

（3）样本的抽取

调查样本要在调查对象中抽取，由于调查对象分布范围较广，应制订一个抽样方案，以保证抽取的样本能反映总体情况。样本的抽取数量可根据市场调查的准确程度的要求确定，市场调查结果准确度要求越高，抽取样本数量应越多，但调查费用也越高。一般可根据市场调查结果的用途情况确定适宜的样本数量。

实际市场调查中，在一个中等以上规模城市进行市场调查的样本数量，按调查项目的要求不同，可选择200~1000个样本，样本的抽取可采用统计学中的抽样方法。具体抽样时，要注意对抽取样本的人口特征因素的控制，以保证抽取样本的人口特征分布与调查对象总体的人口特征分布相一致。

（4）资料的收集和整理方法

市场调查中常用的资料收集方法有面谈法、电话调查法、邮寄法、留置法、线上留言法等。这几种调查方法各有其优缺点，适用于不同的调查场景，企业可根据实际调研项目的要求来选择。资料的整理方法一般可采用统计学中的方法，利用 Excel 表格，可以很方便地对调查表进行统计处理，以获得大量的统计数据。

附 市场调研方案模板

×× 项目市场调研方案

×××××× 服饰有限公司 2019 年 5 月 18 日

目录

一、前言
二、调研目的
三、调研内容
  1. 问卷设计思路
  2. 调查区域
  3. 抽样方法与样本量设计
  4. 调查执行方法
  5. 分析方法与质量控制
四、结束语

一、前　言

通过多次沟通，公司就 ×× 男装休闲服装市场调查达成了共识。具体如下：一方面，目前我国休闲服装市场品牌众多，市场竞争激烈；另一方面，整个市场又存在以下问题：

（1）品牌定位不清晰；

（2）产品款式同质化现象严重；

（3）产品板型差距大；

（4）市场推广手法雷同等。

×× 公司能否对目前的市场环境有一个清晰的认识，能否在目前的市场竞争状态下，寻找到 ×× 品牌的市场空间和出路，取决于正确的市场定位和市场策略，而正确的市场定位和市场策略是从现有市场中发现机会。因此，只有对市场进行深入了解与分析，才能确定如何进行产品定位、如何制订价格策略、渠道策略、促销策略以及将各类因素进行有机整合，发挥其资源的最优化配置，从而使 ×× 品牌成功进入市场。

续表

本次调研将集中公司的优势资源,严格把控调研质量,科学实施调研流程和执行,确保调研工作顺利完成。

二、调研目的

本次调研最根本的目的是通过市场调研,为××品牌寻找新的市场空间和出路。具体包括:

(1)通过市场调研,了解目前男装休闲市场的竞争状况和特征;
(2)通过市场调研,了解竞争对手的市场策略和运作方法;
(3)通过市场调研,了解男装休闲市场的渠道模式和渠道结构;
(4)通过市场调研,了解消费者对男装休闲市场的消费习惯和偏好;
(5)通过市场调研,了解男装休闲市场的品牌三度竞争;
(6)通过市场调研,了解消费者对男装休闲产品的认知和看法等。

总之,本次调研最根本的目的是真实地反映男装休闲服装市场的竞争状况,为××品牌的定位及决策提供科学的依据。

三、调研内容

(略)

四、结束语

(略)

7.3.3 市场调查问卷设计流程

调查问卷是进行市场调研活动时常用的工具,适用于线上、线下任何渠道。传统的线下调查问卷已经非常成熟,运用也较多,随着互联网、移动互联网的出现,线上问卷调查也越来越多,现在在移动APP、视频直播平台、微信公众号、微信小程序等可以经常看到很多在线调查问卷。

无论是线下还是线上调查问卷,其设计原则、理念是相通的。所谓调查问卷,就是用科学的方法,系统地搜集、记录、整理和分析有关市场的信息资料,从而了解市场发展变化的现状和趋势,为企业经营

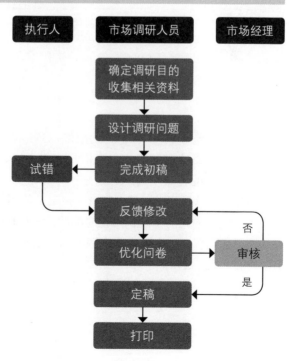

图 7-5 市场调查问卷设计流程

决策、广告策划、广告写作提供科学的依据。

然而，要想设计出一份合理的市场调查问卷，必须实事求是，严格按照流程执行，尤其是在问题的设置上，既要能反映企业实际情况，也要能体现被调查者的心理和客观需求。具体的设计流程如图7-5所示。

一份完整的调查问卷通常由5部分构成，分别为标题、前言、问卷指导、问题和备注，其中除备注外的4个部分都有相对固定的撰写模式和要求，也被认为是调查问卷的常规项目，备注是可选项目，视情况可有可无。具体如表7-4所列。

表7-4 完整调查问卷的构成内容

构成	内容
标题	一般要包括调查对象、调查内容和"调查问卷"字样，如"××网络手游调查问卷""纸尿裤概念测试调查问卷""关于RRS产品设计的调研调查问卷"等
前言	用来说明调查的意义和目的、调查项目和内容、对被调查者的希望和要求等，一般放在调查问卷标题下面的开头部分
问题	是调查者与被调查者沟通信息的载体。问题部分通常用问句形式，也叫题型，调查问卷的题型主要为表格式和问答式两种
问卷指导	问卷指导是指导被调查者如何回答问题或解释问卷中某些信息的含义。问卷指导一般放在问卷要求的后面，用括号括起来。如"下列说法正确的有（可选多项）"，其中"（可选多项）"即为问卷指导
备注	视实际情况而定

在整个问卷中，问题部分是主体、是核心。问题部分的设置通常有两种类型，分别为表格式和问答式。表格式一般由标题、前言、问题表格、备注等组成。这类问卷的特点是简练、清晰，一目了然。问答式一般为标题、前言、问题、备注等，这类问卷的特点是形式灵活、使用方便。

问卷调查方式的不同，问卷的设计方式及其内容的繁复程度也不同，因此，在决定问题内容时，必须先确定题型，然后再确定问题的形式，问题的形式一般有3种，如表7-5所列。

表7-5 问题的3种形式

问题形式	概述	实例
封闭式问题	二选一：把问题简化成"是"与"否"两种答案，让被访者选择其一	"是否用过××品牌洗发水？" （1）是；（2）否
	多选一：设置若干答案，让被访者选择其中的一个或几个	"您经常使用哪个品牌的洗发水？" （1）××；（2）××；（3）××； （4）××；（5）××；（6）其他
开放式问题	设置开放性问题，让被访者自由回答，不受太多限制	"请问，您为什么会对××感兴趣，试着列出几条理由。" 答：
顺位式问题	在提出问题时，让被访者按要求回答	"请问，您在选购电冰箱时，认为哪些方面最重要？哪些方面次重要和最不重要？" （1）功能多　□最重要□次重要□不重要 （2）制冷性强□最重要□次重要□不重要 （3）省电　　□最重要□次重要□不重要 （4）保修期长□最重要□次重要□不重要 （5）服务好　□最重要□次重要□不重要

附 市场调查问卷模板

汽车价格测试调查问卷

　　您好，我们是×××，我们正在进行一项关于汽车价格测试的调查，想邀请您用几分钟时间帮忙填答这份问卷。本问卷实行匿名制，所有数据只用于统计分析，请您放心填写。题目选项无对错之分，请您按自己的实际情况填写即可。谢谢您的帮助。

1.未来半年，您或您的家庭是否打算购买一辆汽车呢？（单选）
□是　　　　　　　　□否

2.您打算买新车还是二手车呢？（单选）
□只考虑新车　　　　□新车或二手车都会考虑

续表

> 3. 您对将要购买的车辆考虑到什么程度了呢？（单选）
> □已经决定了购买车型 □已有几种车型在考虑 □目前在选择车型 □还没太多考虑
>
> 4. 您会考虑以下哪种排挡类型的车辆呢？（复选）
> □手动挡（MT） □自动挡（AT） □无级变速器（CVT） □手自一体 □还没太多考虑
>
> 5. 您打算购买什么类型的车呢？（多选）
> □4门三厢轿车 □5门两厢轿车 □3门两厢轿车
> □多功能MPV □越野车SUV □跑车 □敞篷车
> □皮卡 □面包车 □旅行车
>
> 6. 略

7.3.4 市场调研报告撰写流程

市场调研报告是市场调查人员以书面形式，反映市场调查内容及过程，并提供调查结论和建议的文件材料。它是市场调查工作的最后一个环节，也是调查研究成果的集中体现，调查活动的好坏就直接体现在调研报告上。

在调研结束后的3~5日内，通常需要对调研信息及情况进行汇总分析，撰写调研报告，并以文字材料的形式上交上级部门，供领导审阅、审核。需要注意的是，只有经过上级审批签字合格后的调研结果才能应用于实践。因此，完成调研活动并不等于万事大吉，还需要认认真真地撰写研究报告，整理调研来的资料、数据，并有依有据地分析，剔除糟粕取其精华，形成有利于执行的结果。

那么，该如何写出一篇有成果的调研报告呢？很多人都害怕做这项工作，以为撰写研究报告是个高深的工作。实际上，这项工作只是一篇带有研究性质的"作文"而已，只要牢记这样一个流程，无论撰写哪一类型的研究报告，都会变得容易很多。

市场调研报告撰写的流程具体如图7-6所示。

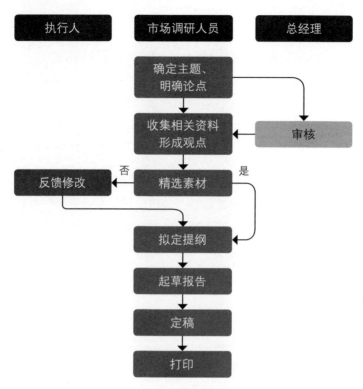

图 7-6 市场调研报告撰写流程

一份调研报告，无论采用何种类型、格式，都需要按照 5 个最基本的步骤进行，分别为确定主题、明确论点，精选素材，拟定提纲，起草报告和定稿。

（1）确定主题、明确论点

一般来讲，确定调研报告主题可以参考调查活动的主题，但不可完全照搬，因为很多时候，两者并不完全一致。调查活动的主题是在展开调查之前根据对被调查者的了解程度来预设的，有很多与事实不符。而调研报告的主题是在完成全部调查，并对调查资料进行深入、综合分析的基础上形成的。所以，两者之间会存在一定的差异，这时就需要对原活动主题进行必要的修正、完善，甚至要重新确立新主题。

从这个角度看，确立调研报告主题的过程，是对调查活动主题进一步确认或收缩、放大、分解、修正、提升的过程，这点是撰写调研报告时需要特别注意的，如图 7-7 所示。

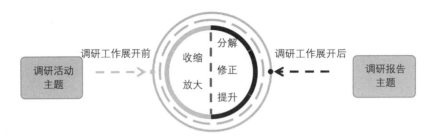

图 7-7　调研报告主题的形成

论点是调研报告中必不可少的要素,是构成调研报告框架的主要元素。一份调研报告必须有明确的论点。报告主题是论点的基础,根据主题可提炼出相应的论点,值得注意的是,论点往往不是一个,按照论点的层次,可分为中心论点、分论点和基本论点,如图 7-8 所示。

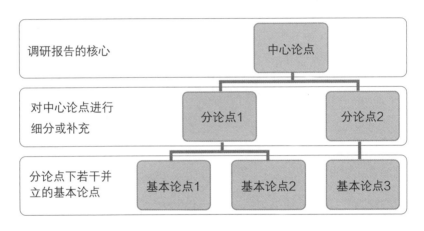

图 7-8　调研报告的论点体系

论点分为 3 个不同的层次。中心论点,即调研报告的核心;分论点,对中心论点进行细分或补充的论点;分论点之下,还可视情况设若干并立的基本论点。这些论点的有机结合,就构成了调研报告的基本框架。

（2）精选素材

调研报告不是对调查研究中所获取的资料进行堆砌和罗列,而是要根据主题和观点的需要,精心筛选,为论点提供充分的论据。

（3）拟定提纲

写作提纲是调研报告内在逻辑关系视觉化的最好形式,有了提纲,才能全面把握调研报告的整体结构，可以使调研报告中的论点与论点、材料与材料、论点与材料之间的逻辑关系全部清楚地显现出来。

调研报告提纲的内容通常包括3部分，如图7-9所示。

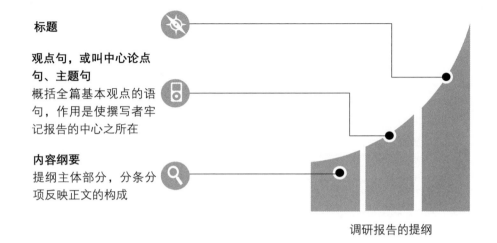

图7-9　调研报告的提纲

（4）起草报告

在拟定提纲之后，便可以着手起草调研报告。在写作过程中，除了要按照提纲写作外，还必须讲究具体的写作方法。一方面，要按照既定格式、模板的要求表现；另一方面，还要采用恰当的表达方式，对语言进行仔细推敲等。

（5）定稿

与其他文章一样，调研报告的写作很少是一蹴而就的，而是需要对初稿进行仔细修改。修改报告须经过检查和修改两个阶段。检查的范围是格式、观点、资料、字句。

许多人修改报告习惯于边检查边修改，这实际上是事倍功半的做法。高效的做法应是在反复检查的基础上集中修改，统一修正格式和观点，调整结构和材料顺序，对不足部分拾遗补阙，对累赘部分进行删减，改换不恰当的资料、语言，改正错别字和不正确的标点符号，统一记数、计量单位等。这些工作完毕后，调研报告才能最后定稿。

附 市场调研报告基本格式

市场调研报告

一、题目。要求明确、鲜明、简练、醒目。一般不用副标题，字数不宜过长。

二、摘要。要求准确、精练、简洁地概括全文内容。

三、引言（或前言、问题的提出）。引言不是调研报告的主体部分，因此要简明扼要。内容包括：

  1. 提出调研的问题；
  2. 介绍调研的背景；
  3. 指出调研的目的；
  4. 阐明调研的假设（如果需要）；
  5. 说明调研的意义。

四、调研方法。不同的课题，有不同的调研方法。例如，问卷调查法、实验调研法、行动调研法、经验总结法等，这是调研报告的重要部分。以问卷调查法为例，其内容应包括：

  1. 调研的对象及其取样；
  2. 调研方法的选取；
  3. 相关因素和无关因素的控制（如果需要）；
  4. 操作程序与方法；
  5. 操作性概念的界定（如果需要）；
  6. 调研结果的统计方法。

五、调研结果及其分析。这是调研报告的主体部分。这部分要求现实与材料要统一、科学性与通俗性相结合、分析讨论要实事求是，切忌主观臆断。其内容包括：

  1. 用不同形式表达调研结果（如图、表）；
  2. 描述统计的显著性水平差异（如果需要）；
  3. 分析结果。

六、讨论（或小结）。这也是调研报告的主体部分。其内容包括：

  1. 本课题调研方法的科学性；
  2. 本课题调研结果的可靠性；
  3. 本调研成果的价值；
  4. 本课题目前调研的局限性；
  5. 进一步研究的建议。

七、结论。这是调研报告的精髓部分。文字要简练，措辞要慎重、严谨，逻辑性强。主要内容包括：

  1. 调研解决了什么问题，还有哪些问题没有解决；
  2. 调研结果说明了什么问题，是否实现了原来的假设；
  3. 指出要进一步研究的问题。

八、参考文献。

九、附录。例如，调查表、测量结果表等，以及采用行动调研的有关证明文件等。

第 8 章

销售部门管理流程设计关键词
提升订单量,提高企业业绩

销售部门是营销计划得以执行的主体部门,更是企业的"中枢",它就像一座桥梁上接生产端(产品的生产与制造),下连消费端(产品的营销与消费),成为连接企业和消费者不可或缺的一环。因此,销售管理往往是企业所有管理工作中的重中之重。

8.1 销售部门流程化管理的作用
——以市场为导向，以业绩提升为最终目的

销售是一种市场行为，是企业生产活动最后的一个收官环节，其最大的特征就是以市场为导向，以业绩提升为最终目的。因此，销售对于任何一个企业来说都是非常重要的，是产品转化为商品，是投入转化为收益的主要途经。没有销售，一切付出皆为零。

生产出来的产品能否在市场上流通，能否被消费者接受和认可，能否转化为企业利益，关键就是看销售工作做得如何。也正因为此，任何企业，无论规模大小、实力强弱一直都非常重视产品销售，都在不断寻求提高销售效率的方法。而销售流程化管理就是这样一种方式，它可以有效地改善销售管理工作，提升销售管理效率，为销售活动的开展提供制度和物质保障。

销售流程化管理是帮助企业达到销售目标的一系列管理活动，其主要目的就是通过对销售过程的追踪与监控，确保销售目标的实现。很多企业虽然重视销售管理，但缺乏销售管理流程，故造成很多问题，影响了产品销售。例如，由于缺乏销售计划和评估流程，导致销售有计划无结果，很多好经验也难以推广。

除此之外，销售管理流程化在以下4个方面还发挥着积极作用，如图8-1所示。

图8-1 销售管理流程化的4个作用

（1）完善销售管理体系

流程化管理本身就是一种简单而有效的管理方式，运用在销售领域，对销售制度的完善、管理方式的优化都有着巨大的推动作用。比如，通过对新老客户信

息的长期积累，就可以建立更为系统的客户信息系统；通过对历年销售数据的分析，可以制订更为科学的推广计划。

（2）甄别客户需求

根据销售流程化管理，可以有效地甄别企业各级客户，通过流程化管理和开出的发票等，对客户进行分级，明确哪些是大客户，哪些客户应重点维护。

（3）提供决策依据

销售流程化管理能为企业产品决策提供依据。通过流程化管理的记录，从中得知哪种产品销量大，哪种产品不受欢迎。同时，企业相关工作人员还可以根据销售流程化管理的记录，将客户信息进行调查，了解相关原因，为企业下一步的生产计划打下基础。

（4）实现资源共享

销售流程化管理还可以实现资源共享，减少客户流失。比如，建立经销商信息、客户台账、供应商台账等，当相关销售人员离职时，其他销售人员可以根据这些流程化管理立即接手对这些客户的管理。

建立符合企业发展、业务需求的销售管理流程，不但可以使没有经验的销售经理快速成长，提高其工作效率，而且可以使销售管理工作相关的其他主要管理问题也都能得到解决，从而切实提高企业业绩。

8.2 销售管理工作流程化设计的内容

销售工作是一个复杂的体系，包含多个层面的工作，因此，很多管理者很难同时对每项工作都能实施良好的管理，这也是要对销售工作进行流程化设计与梳理的主要原因。这就对企业管理者以及相关人员提出了更高要求，既要统筹兼顾，全盘考虑，了解销售的各个环节，又要在具体的工作中注意方式方法，齐头并进。

那么，一个完整的销售工作包括哪几个方面呢？通常有 6 项，如图 8-2 所示，这些也是销售管理工作流程化设计的重点内容。

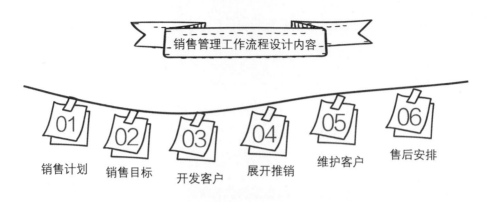

图 8-2　销售管理工作流程设计主要内容

(1) 销售计划

销售计划是销售工作的纲领性文件，是指为取得销售收入而进行的一系列销售工作的安排，一份完善的销售计划包括销售目标、销售预测、分配销售额、编制销售预算等几大板块。销售计划具体可分为 8 大内容，如图 8-3 所示。

A 商品计划　　　　　　　B 渠道计划

C 成本计划　　　　　　　D 销售总额计划

E 线下宣传计划　　　　　F 新媒体推广计划

H 促销计划　　　　　　　G 回访计划

图 8-3　销售计划的 8 大内容

(2) 销售目标

高目标高起点，确立目标是成功的起点，做任何事情只要确立了目标就等于已经赢了一半。在以业绩为导向，用数字说话的销售部门只有先确立了目标，锁定目标，才能全力以赴。

目标通常分为总目标和分目标。总目标是对整个销售工作的总体规划和设想，所有的工作都必须围绕这个总目标展开，一切都为总目标实现而服务。如果没有总目标，或者对总目标的方向没有把握好，再或者总目标本身就有偏差，那么后续再努力也是徒劳。

有总目标就应该有分目标，一个总目标包括很多分目标，如年度目标包括季度目标、月度目标，甚至更短期的周目标、日目标。销售目标体系如图 8-4 所示。

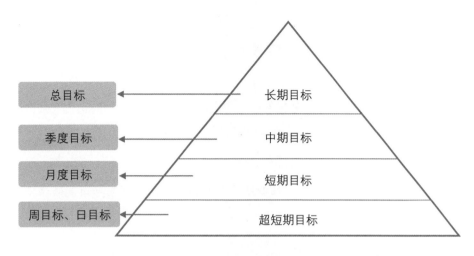

图 8-4　销售目标体系示意图

制订分目标要求尽量具体、细化，越具体、越细化就越容易执行。比如，公司 2020 年度计划创造 1000 万元的业绩，不能盲目做个笼统的目标，而要细化到分目标中，要明确地规定，将在多长时间内实现这个目标，如果一年的话，那么季度目标是多少、月度目标是多少，具体到每个销售员每天又该完成多少。只有这样，目标才能彻彻底底得到贯彻，才能如期实现。

（3）开发客户

业绩来自客户，没有足够的客户支持，销售就失去了赖以生存的条件。因此，开发客户，增加客户数量和提高客户质量，成为销售工作中的一项核心任务。然而，这也是最难做的，往往成为制约销售工作进一步开展的最大障碍。

那么，如何突破这一障碍呢？至少要做好 3 个方面的工作，具体如下：

第一，拓展客户获取途径，尽量增加客户数量。数量是质量的基础，只有在"量"上达到了一定程度才能实现向"质"的转变。

第二，想办法留住忠诚客户。客户不是越多越好，而是越忠诚越好，当拥有一定数量的客户后，就应该追求客户的忠诚度，让普通客户变为企业或产品的忠实粉丝，永远忠于企业，忠于产品。

第三，找到客户核心需求，并努力去满足。这也是最重要的，需求的满足是吸引客户，并促使客户成为自己铁杆粉丝的最核心力量。因此，必须与客户多沟通，发现他们的需求，挖掘他们的需求，根据需求引导客户的购买行为。

（4）展开推销

推销工作的核心是与客户沟通，将产品介绍给客户，并让对方心甘情愿地购买。这是一项技巧活，一是介绍产品的技巧，二是与客户沟通的技巧。一个推销员只有具备这两项技能，才可以轻松高效地将产品销售出去。

（5）维护客户

良好的人际关系对销售行为起着很大的促进作用，那些成功的销售大师之所以能取得好的业绩，关键是因为他们注重维护与客户的关系。

案例1

乔·吉拉德与每一位客户都保持着密切的关系，为此他可谓是倾注了大量心思，他最常用的一个方法就是给客户寄贺卡，这些贺卡上面只有简单的祝福和问候。

比如，1月份，他会送上一张精美的、喜庆的贺卡，同时配上"恭贺新禧"几个大字，下面署名："雪佛兰轿车，乔·吉拉德上。"

2月份，是关于情人节的贺卡："请您享受快乐的情人节。"下边依然留有简短的署名。

3月份，贺卡上写的是："祝您圣巴特利库节快乐！"（圣巴特利库节是爱尔兰人的节日）

接下来，4月、5月、6月……每个月客户都可以收到类似的贺卡，他这样做的结果是，每到节假日，很多客户就会问"雪佛兰轿车的乔·吉拉德有没有来信？"

不要小看这几张贺卡，它所起的作用并不小，正是这些小小的贺卡拉近了他与客户之间的心理距离。乔·吉拉德从来不说："请你们买我的汽车吧！"但是却能给客户留下最深刻、最美好的印象，当这些潜在客户一旦有需要时，首先想到的就是经常寄贺卡的乔·吉拉德。

销售人员与客户的关系就像"恋人"，恋人之间不能只在有需要时才想起对方，而是要常来常往。做业务与谈恋爱是一样的道理，需要有一个人经常去维护和修补，平时经常给对方打打电话、聊聊天、问候问候，诚意到了生意自然水到渠成。

（6）售后安排

在将产品卖出去之后并不意味着销售工作的结束，还需要对客户进行回访。售后，是销售活动中的最后一个环节，也是最容易被忽略的一个环节，很多企业对其不够重视，从而导致客户的流失。售后与客户的关系如图8-5所示。

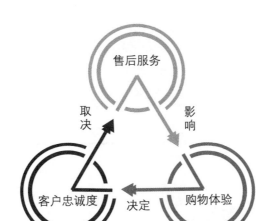

图 8-5　售后服务、购物体验、客户忠诚度之间的关系

在这个产品竞争日益激烈的时代，人们的消费观念开始改变，消费意识也大大提高，越来越多的人重视产品的售后服务。一款受欢迎的产品，不仅仅在于有过硬的质量，更重要的在于有良好的购物体验，而决定购物体验好坏的一个重要衡量指标就是售后服务的质量。由此可见，售后服务影响了购物体验，购物体验影响消费者对销售人员、产品乃至企业的满意度，这是个良性循环。

8.3 销售管理工作中常用的流程模块

在明确各类流程的基础上，企业就可以更好地制订各类销售流程，并根据其权限、职责，与相关部门保持顺畅沟通，以确保流程化管理在实际管理工作中发挥更大的作用。下面提供一些销售日常管理工作流程，仅供参考。

8.3.1 销售目标、计划制订流程

有明确的销售目标和计划是取得良好销售业绩的前提，但并不意味着有了目标和计划就一定有好结果。有很多企业尽管也制订了完善的目标、计划，但业绩并没有太大起色。当制订的目标和计划在实践中很难发挥作用时，无疑这一切就成了纸上谈兵。那么，为什么会这样呢？究其原因，是可行性较差，而可行性差与最初制订时的流程不合理、不科学息息相关。正确的销售目标与计划制订流程如图 8-6 所示。

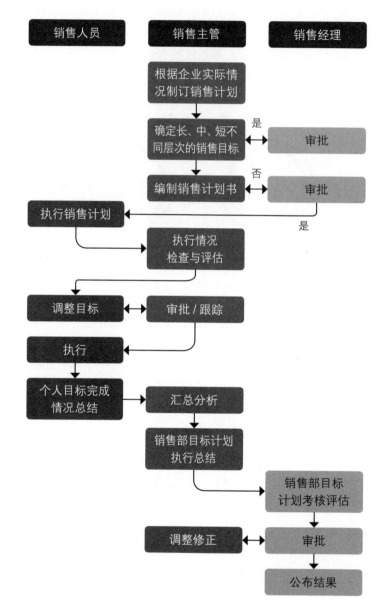

图8-6 正确的销售目标与计划制订流程

另外,编写销售计划书时还有以下5点需要格外注意:
(1)对不可量化的市场指标进行前瞻性的分析与评估。
(2)良好的业绩来自实现富有挑战性的目标。
(3)年度工作计划不可只涉及销售目标与计划,而忽略其他的配套和控制性计划的内容。

（4）项目指标与计划指标需要具备指令性，一旦制定就必须按计划执行。同时，策略的安排则是指导性的，是实现目标与计划的措施。

（5）要确保计划的权威性，这样才能保证贯彻与执行能得到绝大多数销售人员的理解与认同，才能调动销售人员的积极性。

 销售计划书模板（附表8-1～附表8-3）

附表8-1 销售部工作计划表

姓名		负责区域		实施时间	
预计合同额			预计回款额		
计划周期的执行方案 （分析目标市场中的消费群体，如消费习惯、消费意向、消费力、成交意向以及具体的执行方案）					
客户意向： （需要详细列出客户的基本信息，如客户姓名、联系方式，对接的销售员，合作意向及其预计合同签订时间）					
营销方案： 　1. 　2. 　3. 　…					
重点工作： （重要工作备忘录）					

附表 8-2　销售人员每日工作计划表

编号：　　　　　　　　　　　　　　　　　　　　日期：　　年　　月　　日

	序号	工作内容	缓急程度	完成情况 /%	备注
本日应做任务	1				
	2				
	3				
	4				
	5				
	序号	工作内容	缓急程度	完成情况 /%	备注
本日新增任务	1				
	2				
	3				
	4				
	序号	工作内容	缓急程度		备注
明日计划任务	1				
	2				
	3				
	4				
本日工作总结与心得	经验总结				
	失误检讨				
领导评语					

签字：

附表 8-3 　销售人员每周工作计划表

编号：　　　　　　　　　　　　　　　　　　　　　　日期：　　年　　月　　日

星期	内容概述	重要程度				完成程度 /%	检讨
		重要紧急	重要－不紧急	不重要－紧急	不重要－不紧急		
一							
二							
三							
四							
五							
六							
日							

8.3.2 客户开发与管理流程

客户开发与客户管理是相对独立又相互依赖的两项工作。客户开发往往是销售工作的第一步，而客户管理是对开发的客户进行销售、营销和服务的一站式管理行为。

客户开发，通常是指企业从企业自身资源情况出发，在对市场、竞争对手、客户情况深入了解的基础上，制订的一系列客户开发计划。这项工作通常由一线销售人员执行，在企业制订的客户开发战略指导下，通过市场调查初步了解市场和客户情况，对有实力、有意向的客户重点沟通，最终完成目标区域的客户开发计划。

客户管理，是指通过有效的方法，对已开发的客户进行巩固的一个过程。获取客户是企业成败的关键，但并不意味着有了客户就万事大吉了，因为现如今绝大部分产品处于供大于求的状态，再加上客户越来越明白如何满足自己的需要和维护自己的利益，选择余地大大增加。在这种背景之下，一个客户很难长期忠诚于某一个企业，或某一个品牌。

综上所述，企业在客户资源策略上，需要注重"获取"，也要注重"留存"，即提高客户留存率。留存率才是提高产品销量的最终动力。对于销售部门来讲，不但要大力开发客户，更要加强对客户的管理，这对留住客户，形成二次消费至关重要。客户开发与管理流程如图 8-7 所示。

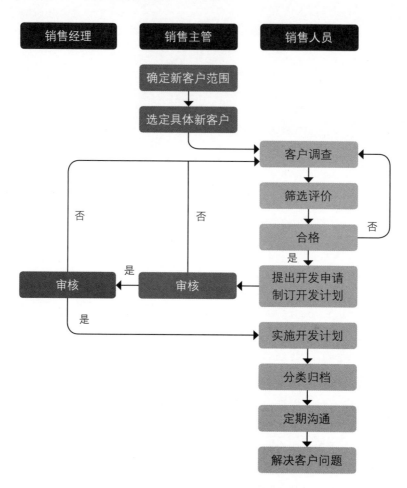

图 8-7　客户开发与管理流程

附 客户开发与管理所涉表单（附表 8-4～附表 8-6）

附表 8-4　客户开发计划书

×××客户开发计划书
一、客户开发计划概述 　　为公司寻找更多客户，发掘潜在客户，和客户建立良好的关系，扩大销售范围，拓宽销售渠道，从而增加销售额，促进公司更好发展。
二、目标客户的分析 　（1）目标客户的现状分析： 　（2）目标客户的需求分析：
三、公司自身条件分析 　（1）供货能力分析： 　（2）竞争力分析： 　…
四、客户开发实施计划 　（1）客户开发途径 　广告途径：_____。 　他人介绍：_____。 　面对面直接销售：_____。 　网络推广：_____。 　新媒体移动端推广：_____。 　（2）客户开发的方法 　经营好现有客户：_____。 　留住新客户：_____。 　充分利用网络平台：_____。 　从竞争者入手：_____。

续表

五、工作流程
六、总体进度计划 （1）初期计划：_____。 （2）中期计划：_____。 （3）长期计划：_____。 小组成员：

附表 8-5　客户档案表

编号：　　　　　　　　　　　　　　　　　　　　日期：　　年　　月　　日

客户档案记录								编号：	
公司名称							规模、人数		
经营模式							主要业务及产品		
公司地址							邮　　编		
公司决策层资料									
姓名	职务	民族	生日	办公电话			手机	传真/E-mail	
人力资源资料									
姓名	职务	民族	生日	办公电话			手机	传真/E-mail	
销售部资料									
姓名	职务	民族	生日	办公电话			手机	传真/E-mail	

续表

生产部资料							
姓名	职务	民族	生日	办公电话	手机	传真/E-mail	

财务部资料							
姓名	职务	民族	生日	办公电话	手机	传真/E-mail	

业务联系记录（铅笔记录）				
日期	联系人	部门	内容（与谁？谈什么？做了些什么？）	记录人

附表8-6 客户分类管理表

编号：　　　　　　　　　　　　　　　　　　　　日期：　年　月　日

档次	A	B	C	D
划分标准				
特点				
所占比例/%				
管理方法				

8.3.3 销售拜访流程

拜访是整个销售活动的开始,有着极为重要的作用。俗话说"好的开始是成功的一半",做任何事情都要有一个好的开头。销售人员在推销之前的拜访工作,主要目的是与对方进行初步接触,了解对方的基本需求,取得对方的信任和认同。

拜访客户,销售人员需要做好 3 个阶段的工作,即拜访前、拜访中和拜访后。具体流程如图 8-8 所示。

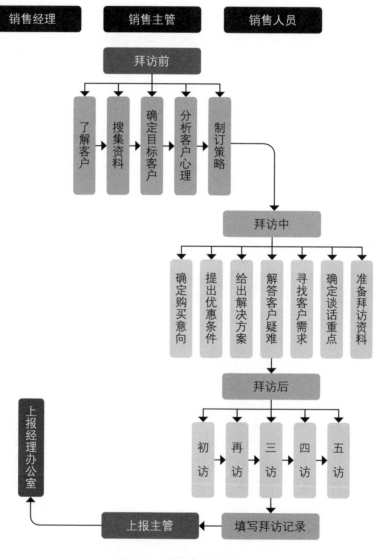

图 8-8 拜访客户流程

（1）拜访前

拜访客户前要做足前期准备，制订拜访计划，主要包括了解行业信息、专业知识储备、业务技巧准备、心态调整、物品准备和着装准备等。

（2）拜访中

与客户见面后要先问候并做自我介绍，了解客户业务内容，寻找共同话题，询问、挖掘客户需求，回答客户问题，促成一致，最终签单。

（3）拜访后

拜访后要及时对客户进行电话回访，向对方表示感谢，并就拜访中尚未解决的或已达成一致的问题进行解释、弥补。值得注意的是，如果有必要一定要预约下次拜访的时间。

附 销售拜访所涉表单（附表8-7、附表8-8）

附表8-7 客户拜访计划书

客户拜访计划书					
一、拜访客户基本信息					
姓名		性别		年龄	
公司地址			联系方式		
拜访地址			职位		
备注信息					
二、拜访目的 　1._____ 　2._____ 　3._____ 　……					
三、提前预约情况 　1. 预约地点：_____ 　2. 预约时间：_____ 　3. 预约人数：_____					

续表

四、访谈及准备 　1. 形象准备：_____ _____ 　2. 访谈资料准备：_____ _____ 五、拜访细节 如 　到达目的地路线及其时间： 　自我介绍： 　介绍产品： 　其他谈话内容： 　访谈期间其他安排： 　表达谢意，预约下次拜访时间。

附表 8-8　客户拜访记录表

客户拜访记录表

客户公司 / 个人名称：	
客户公司 / 个人地址：	
拜访人：	拜访日期：
拜访频率：	拜访时间：
携带资料：	
拜访达到的目的：	
公司概况：	个人概况：
公司类型 / 规模：	性格类型：
业务类型：	联系方式：

业务人职位/联系方式:	需求量大小:
需求量:	对产品的要求:
对产品的具体要求:	相关人士的意见:
沟通达成的意向:	
对我公司产品的反馈意见:	
下次拜访时间:	

8.3.4 发货流程

完整的商品发货流程如图 8-9 所示。

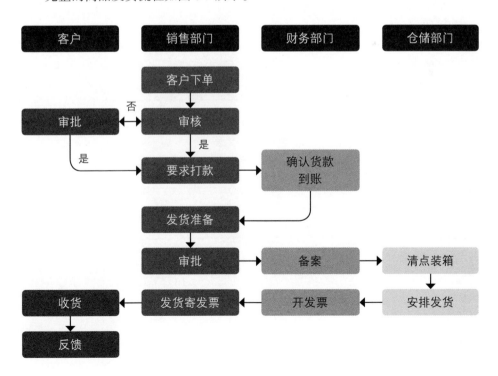

图 8-9 完整的商品发货流程

客户下单后,销售部门应马上安排相关人员发货,包括查看订单详情、对商品进行打包、联系物流公司、处理相关问题等。如遇到突发问题,还需及时解决,以保证客户顺利拿到商品。

附 发货流程所涉表单(附表8-9~附表8-11)

附表8-9 订货单

编号:　　　　　　　　　　　　　　　　　　　　日期:　年　月　日

客户名称		具体联系人				
客户地址		客户联系方式				
订单合同号						
产品名称			规格	单位	数量	单价	总价
合计							
特别说明或需求							
负责人		承办人				
单位签章		日期				

附表8-10 出库单

编号:　　　　　　　　　　　　　　　　　　　　日期:　年　月　日

产品基本信息	订单号		客户名称			
	产品名称					
	规格		单价		总价	
	订货数		订货方式		交款方式	
出货方式	分批出货				整批出货	
	第一批	第二批	第三批	第四批	价格	重量
	价格 重量	价格 重量	价格 重量	价格 重量		
	出货人			出货日期		

附表 8-11　收货单

编号：						日期：	年	月	日
客户名称				送货单号			交货方式		
到货日期				检验日期			付款方式		
交货地点				送货人			联系方式		
产品名称	规格	订购数	交货数	实收数	合格数	不合格数	合格率/%	不合格原因	
合计									
处理结果	□全部接受　□全部拒收　□部分拒收　□全部整修　□部分整修　□特采								
负责人						承办人			
单位签章						日期			

8.3.5　退货流程

退货流程如图 8-10 所示。

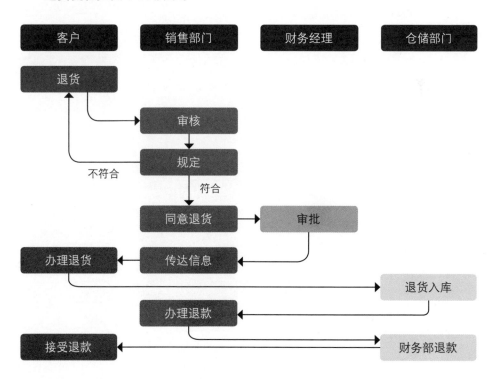

图 8-10　退货流程

退货,已经成为销售中非常重要的一种现象,但对于大部分客户来讲,顺畅的退货似乎仍是一个难题。这里有公司相关制度不够完善的原因,也有销售人员企图逃避责任的嫌疑。无论哪种原因,都会降低客户的购买体验,并最终影响企业的信誉和美誉度。

因此,面对客户的退货要求,不能盲目拒绝,而应本着负责任的态度,一方面完善内部管理制度,另一方面提高销售人员、售后人员的服务意识,彻底将问题处理好。这对公司、对客户都是有利的。

附 退货流程所涉表单(附表 8-12、附表 8-13)

附表 8-12　退货申请

编号:				日期:	年　月　日	
市场区域		客户名称		电话		
填表人(地址)				填报日期		
品名	规格	单位	数量	单价	总价	
退货原因						
经销商负责人	签字	销售代表	签字	区域经理	签字	
	日期		日期		日期	
财务部签字				签字日期		
仓储部签收				签收日期		

附表 8-13 退货统计表

编号：							日期：	年 月 日
序号	品名	规格	数量	退货人	退货日期	退货理由	备注	
1								
2								
3								
4								
5								
6								
仓储部签收				签收日期				

8.3.6 售后回访流程

售后回访的流程如图 8-11 所示。

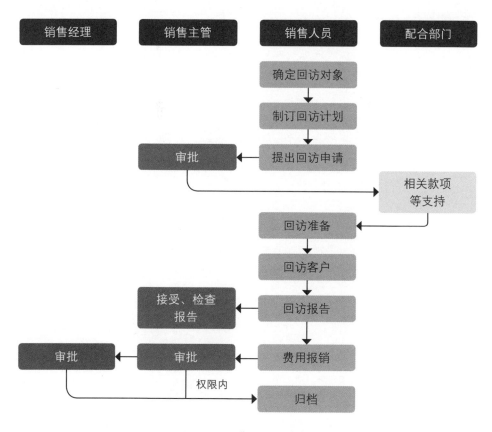

图 8-11 售后回访流程

对客户进行回访，是销售后续工作中的一项重要内容，是提高客户满意度、忠诚度的关键环节。很多企业都有明文规定销售人员或公司客服人员，有向潜在客户、目标客户进行回访的义务，从而提高服务质量，及时发现问题，以提升公司形象。

同时，这些措施也是产品进行二次销售的有力保障。因此，客户在购买产品之后，销售人员一定要定期做回访。

附 售后回访流程所涉表单（附表8-14、附表8-15）

附表8-14 客户回访记录单

服务日期：

客户基本信息	
客户名称	
客户地址	
联系人	
办公电话	手机

现场服务明细：

工作内容/问题描述：

工作完成情况：

客户意见：

备　注：

公司名称（盖章）

附表 8-15　客户信息反馈表

尊敬的用户：

　　欢迎使用我司"×××"系列产品，若您在使用过程中，对产品的质量、服务工作有任何意见以及合理化建议，请不吝赐教。我们将对您的意见，认真研究，以利我们更进一步提高服务水平，更好地为您服务。

文件编号：		案件编号：	
反馈单位：		反馈日期：	年　　月　　日
反　馈　人：		联系电话：	E-mail：
反馈类型：□产品质量　□售后服务　□物流配送　□建议　□其他			
使用产品类别：		用于何处：	

客户信息	客户反馈信息：
公司填写	移交相关部门：（根据反馈的情况移交相关部门） 移交时间：　年　　月　　日　　时　　分
	部门意见：　　　　　　　　　　　情况属实：
	原因分析：　　　　　　　　　　　纠正措施：
	最终处理结果：（电话告知客户）　客户对处理结果的评价：

感谢您的支持与合作！售后服务专线：

此文档存售后服务部备案

第 9 章

采购部门管理流程设计关键词
控制成本，开源节流

企业为了生产的需要，会进行大批量的采购活动，尤其是生产型企业，对采购要求更高，不仅仅是采购数量上的要求，对采购市场、供应商的要求也非常高。为了更好地对采购工作进行管理和监督，很多企业特地采用了采购台账这种管理方式，目的就是规范采购日常管理，实现资源的优化配置，防止采购过程中出现漏洞。

9.1 采购部门流程化管理的作用
——提质量、控成本，做好企业的后勤大总管

采购是企业根据自己的需求，从供应市场获取产品或服务等资源，来保证生产及经营活动正常开展的一项活动。因而，采购部门常常被誉为是企业的"后勤部门"。采购部门就是企业的"大总管"，担负着供应物料的重任。

企业的经营活动都是以采购为前提的，尤其是生产性企业，缺乏足够的采购保障很多活动就无法进行。然而，很多企业在采购工作的管理上显得疲软无力、混乱不堪，运行低效、成本高，给企业造成很大损失。所以，要想提高运营效率和经营成果，最主要的还是应建立一套健全的采购管理制度，对采购的每项工作、每个环节都要建立相应流程。

采购质量高低、成本大小是衡量采购工作是否成功的两项重要指标。流程化管理的目的在于优化采购的各个环节，提高效率，减少浪费，以圆满完成预设采购任务，保证企业生产所需充足供应。流程化管理对采购工作的开展起着诸多积极作用，主要体现在以下 4 个方面。

（1）保证采购活动的顺利进行，防止供应不及时，货物中断。

（2）防止采购过程中出现漏洞，有效地规避风险，减少损失。

（3）实现资源的优化配置，通过对采购计划、采购资金的调度，有效避免物料储存过多、资金积压以及占用存储空间。

（4）随时自检自查，反思自己，改进自我，提高自我。

为什么要对采购进行流程化管理？这是源于采购工作是一个系统性的工作，涉及商流、物流、资金流。三者之间的关系如图 9-1 所示。

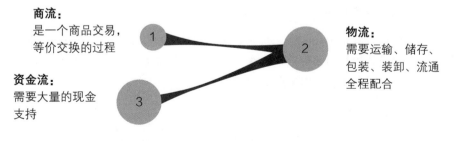

图 9-1　商流、物流、资金流三者之间的关系

采购就是将资源从资源供应者手中转移到用户手中的过程。在这个过程中，资源的物质实体从供应商手中转移到用户手中，就是一个商流过程，主要通过商

品交易、等价交换来实现商品所有权的转移。

采购必然要使所购物料发生空间位置和时间位置的转移，因此，需要物流的支持。例如，北京 A 公司从山东 B 公司采购一批原材料，这批材料如何从山东到达北京，这就是一个物流的过程。物流就是靠运输、储存、包装、装卸、流通加工等一系列手段来实现物体在空间和时间上的转移。

另外，采购更需要大量的资金支持，又是一个资金流的过程。对于采购来说，资金是最重要的，一切开销都由资金来支持。若没有资金，其他方面即使都做得很完美，问题依旧无法得到解决。因此，资金是采购这一环节的重要保障，这也是为什么很多企业的采购资金是专款专用，财务部门直接拨付、优先拨款，目的就是防止资金链断裂和资金不足，影响到采购的正常进行。

采购活动只有同时具备商流、物流、资金流 3 个条件才可完成，三者缺一不可。这也无形中增加了采购的风险，任何一个过程出现问题，都可能毁掉整个采购活动。为此，需要制订严格的采购流程进行管控，保证每一个环节都做到位。

9.2 采购管理工作流程化设计的内容

一般来说，整个采购流程主要包括提出采购申请、编制采购计划、询价议价，确定供应商、下单、确定物流、验收入库，必要时还要退货等。要想保证采购的顺利进行，必须严格制订流程，对上述每个环节进行科学管理、及时跟踪、严密监督。采购工作流程如图 9-2 所示（①~⑥代表关键环节）。

（1）提出采购申请

采购申请一般是由用料部门提出，采购申请又称请购，主要是指企业各需求部门向负责采购的部门，提出在未来一段时间内所需要物品的种类以及数量等相关信息，并填制申请表交由采购部门。

（2）编制采购计划

采购部门汇总整理各部门提交的请购单，制订采购计划，并与相关人员沟通确认，审核是否在预算内以及相关信息是否准确。合格后上报总经理进行审批，即是否同意此采购计划。

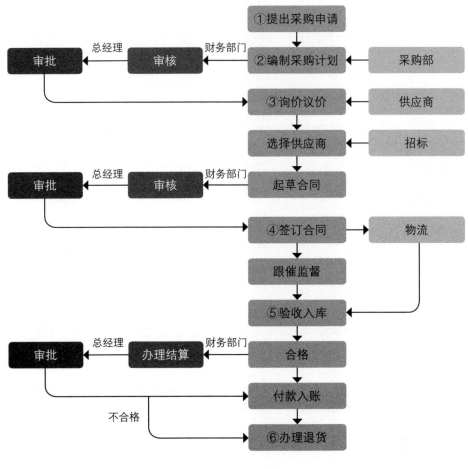

图 9-2 采购工作流程

（3）询价议价

采购部门收集市场调查信息和资料，根据供应商开发、选择标准来选择供应商。选择合适的供应商后则要进行询价、比价和议价。价格谈妥之后，要求供应商提供样品，经过对提供的样品进行检测或试用后便可以签订采购合同。

（4）签订合同

根据谈判和磋商结果确定采购合同的内容、格式和具体要求，合同需要送达上级进行审批，合格后即可正式签订。

（5）验收入库

通知质量部门进行检验，并将厂商、品名、规格、数量以及验收单号码填入检验记录表，交货判定合格后，将货物标识合格，填写检验合格单，并通知财务部门、仓储部门办理相关手续。

（6）办理退货

对于验收不合格的货物，由采购部门进行退货处理。

9.3 采购管理工作中常用的管理流程

企业应该对采购的每个阶段都建立相应的流程，明确规定采购管理的权限、职权范围、审批权限、工作内容等，这有利于采购管理工作的顺利开展。下面是采购管理中的5个常见流程，先对其进行详细阐述，以供参考。

9.3.1 采购申请流程

采购申请的流程如图9-3所示。

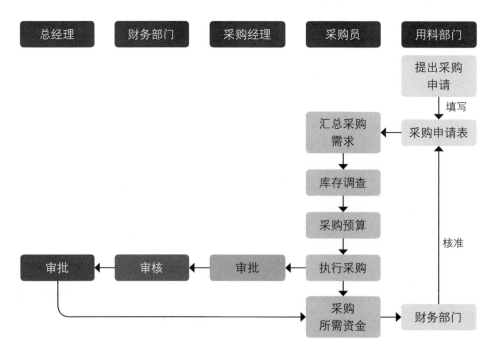

图9-3 采购申请的流程

采购工作是保证企业产品开发、生产以及提高生产效率，进行成本控制的关键环节，关系着整个企业的经营效果。但也会经常出现这样或那样的错误，如用料部门擅自采购，采购部门在资金分配上不合理，致使大量资金打水漂；个别采购人员行为不规范，采购残次的物料，影响到产品质量。

为最大限度地避免出现上述问题，大多数企业都建立了采购申请制度，用料部门的每一项采购行为都必须向采购部门提出申请，获得上级及财务部门审核同意后才可实施。采购申请制度，是用来约束和规范采购部门管理人员或采购人员在采购活动中的行为制度。对这项制度进行流程化管理，有利于制度真正被执行。监督用料部门严格按照采购计划执行，以保证用料的规范性，让采购行为能够光明正大。采购申请管理流程说明如表9-1所列。

表9-1 采购申请管理流程说明

流程节点		责任人	工作说明
1	提出采购申请	相关部门	（1）各部门应根据日常经营活动需要，提出采购申请； （2）各部门向采购部门递交请购单，请购单要说明请购的品名、数量、需求的日期、预算金额等内容
2	汇总采购需求	采购员	采购部门根据请购单的内容对采购需求进行汇总，并进行需求分析，制订采购计划
3	库存调查		查核采购物资库存情况
4	采购预算		进行采购预算，上交采购经理审批
5	执行采购	采购部门	采购经理安排采购任务，制订采购作业计划，并组织实施采购工作，参照采购总流程
	审批	采购经理	审批采购预算
	审核	财务部门	对采购申请进行预算复核，并上交总经理审核
	审批	总经理	审批签字，特别是数额较大的采购项目，必须有总经理的审批签字
6	替代品采购申请	相关部门	（1）当不能采购到计划采购的物资时，由采购部门或所需采购物资部门提出替代品采购申请； （2）一般替代品物资采购申请由所需采购物资部门经理审批，重要物资或者关键物资的替代品采购申请由总经理审批，若采购物资涉及相关技术方面的问题，应有相关技术人员的参与
	入库使用		采购合格的物资，交由仓储部门入库，分发使用

附 采购申请表模板（附表 9-1 ~ 附表 9-3）

附表 9-1 采购申请表

项目名称：_____ ____年____月____日

序号	物品名称	数量	单价	用途	申请部门	申请人

预计所需金额/元	¥	人民币大写	
供应商的情况			
期望到货日期			
期望要求及其他			

领导审批意见：

　　　　　　　　　　　　　　　　　　　　　　签章：
　　　　　　　　　　　　　　　　　　　　　　日期：　　年　　月　　日

采购部经理：

　　　　　　　　　　　　　　　　　　　　　　签章：
　　　　　　　　　　　　　　　　　　　　　　日期：　　年　　月　　日

经办人：　　　　　　　　　　　　　　　　财务负责人：

附表 9-2 附采购执行记录

编号：　　　　　　　　　　　　　　　　　　　　　　日期：　年　月　日

采购申请单是用料部门向采购部门提出采购申请时出具的书面材料，通常要求列出采购货物的详细信息和供应商的相关信息。另外，为便于跟踪采购申请的落实情况，有时候可以附一份采购执行记录，具体模板如表所列。

××采购执行记录

订购信息	订货日期		订购人		收货地址	
	预计到货日期		发货人		配送方式	
收货情况	收货日期		收货人		验货情况	
	签收单据					
	验货补充说明					

附表 9-3 采购金额授权表

编号：　　　　　　　　　　　　　　　　　　　　　　日期：　年　月　日

| 采购项目 | 授权金额 | | | | | | | | 备注 |
	部长（主任）	经理（厂长）	采购人员	采购部长	采购经理	副总经理	总经理	董事长	

审核：_____　　　　　　　　　　　　　　　　制表：_____

9.3.2 采购计划制订流程

制订采购计划是采购工作中首先必须做的一件事，计划是采购部门在策划、组织、实施采购活动时的指导方针和总纲领。没有计划一切工作都无从做起，尤其是大型采购，计划书就是一道"圣旨"，约束和规范着采购人员的行为。采购人员必须严格按照计划书上的规定去行事，否则就有可能使资源得不到合理配置，难以取得最佳的采购效益，甚至发生风险，造成不必要的损失。

其实，无论采购规模大小，一个周密的计划都是不可缺少的，它可以提高办事效率，降低盲目采购的风险。那么，如何制订采购计划呢？

所谓采购计划，是指采购部门根据生产部门或其他使用部门的要求，在了解市场供应基础上，所制订的关于是否要采购、如何采购、采购什么、采购多少以及何时去采购等内容的部署和安排。采购计划的制订流程如图9-4所示。

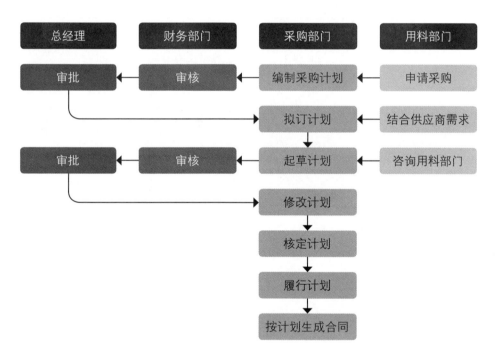

图9-4 采购计划的制订流程

附 采购计划制订流程所涉表单（附表9-4～附表9-7）

附表9-4 部门采购计划表

编号：　　　　　　　　　　　　　　　　　　　　日期：　年　月　日

制订部门											制订日期		年	月	日
序号	生产计划编号	产品名称	规格/型号	单位	需要采购数量	生产计划数量	现有库存数量	安全库存目标	现有安全库存	客户名称	供应商名称	采购订单号	采购单价	采购金额合计	付款方式	计划交付时间
备注															
批准				审核						编制					

附表 9-5　某项材料采购计划表

编号：　　　　　　　　　　　　　　　　　　　　　　日期：　　年　　月　　日

项目名称						部门		
提出时间						使用时间		

<table>
<tr><th rowspan="9">单位提出材料施工计划</th><th>序号</th><th>规格</th><th>数量</th><th>单位</th><th>用途</th><th>要求</th><th>备注</th></tr>
<tr><td></td><td></td><td></td><td></td><td></td><td></td><td></td></tr>
<tr><td></td><td></td><td></td><td></td><td></td><td></td><td></td></tr>
<tr><td></td><td></td><td></td><td></td><td></td><td></td><td></td></tr>
<tr><td></td><td></td><td></td><td></td><td></td><td></td><td></td></tr>
<tr><td></td><td></td><td></td><td></td><td></td><td></td><td></td></tr>
<tr><td></td><td></td><td></td><td></td><td></td><td></td><td></td></tr>
<tr><td></td><td></td><td></td><td></td><td></td><td></td><td></td></tr>
<tr><td></td><td></td><td></td><td></td><td></td><td></td><td></td></tr>
<tr><th rowspan="3">建设单位审核意见</th><td colspan="7">工程部经办人：　　　　　　　　　　　　　　部门负责人：</td></tr>
<tr><td colspan="7">预算部：　　　　　　　　　　　　　　　　　部门负责人：</td></tr>
<tr><td colspan="7">材料部：　　　　　　　　　　　　　　　　　部门负责人：</td></tr>
</table>

说明：一般材料需提前一个月提出采购计划，特殊需加工的材料需根据加工周期加 30 天提出采购计划

附表9-6　年（月）采购计划表

编号：　　　　　　　　　　　　　　　　　　　　　日期：　年　月　日

编号	物资名称	规格	单位	数量				估计单价	金额	使用时间	用途
				存量	最低储备	月消耗	计划采购				

总经理：　　　　　　　　　财务经理：　　　　　　　　　采购负责人：
　　　　　签字　　　　　　　　　　　签字　　　　　　　　　　　签字

说明：一式三份，总经理、财务经理、采购负责人各一份

附表9-7　采购清单与协议

编号：　　　　　　　　　　　　　　　　　　　　　日期：　年　月　日

序号	产品名称	型号规格	单位	数量	单价	金额	质量要求

续表

说明：
1. 付款方式：_____。
2. 运输方式：_____
_____
_____
_____。
3. 供需双方的责任：_____，_____
_____
_____
_____。
4. 其他未尽事宜，协商解决或诉讼。
5. 双方签字后立即生效。
6. 一式两份，供需双方各一份。

需　　方：_____　　　　　　　供　　方：_____
采购代表：_____　　　　　　　供方代表：_____

　　年　　月　　日　　　　　　　　年　　月　　日

9.3.3 询价流程

价格，永远是买卖双方争论的焦点，卖方想卖出高价格，买方想尽可能地降价。这种情况在企业采购中更是司空见惯，采购方与供应商总会在货物价格上"你来我往"几次。在企业采购中，双方就价格而进行的探讨、磋商更加官方和正式，询价是双方磋商过程中必不可少的一个环节。

询价，是指采购询价小组（由采购人的代表和有关专家共3人以上的单数组成，其中专家的人数不得少于成员总数的2/3）根据采购需求，从符合相应资格条件的供应商名单中确定不少于3家的供应商向其发出询价单让其报价，由供应商一次报出不得更改的报价，然后询价小组在报价的基础上进行比较，并确定最优供应商的一种方式。

询价是个相对简单的过程，可以理解为两大步：第一，采购方提出价格要求；第二，供应商对其进行答复。但就整个过程而言却远不是这么简单，由于事涉双方利益，需要考虑很多影响因素，还需要调研、审核、审批等多个工作流程严格把关。制订科学合理的询价流程，可以规范采购过程，确保采购物料价格的合理性，有效控制成本，提高市场竞争力。询价流程如图9-5所示。

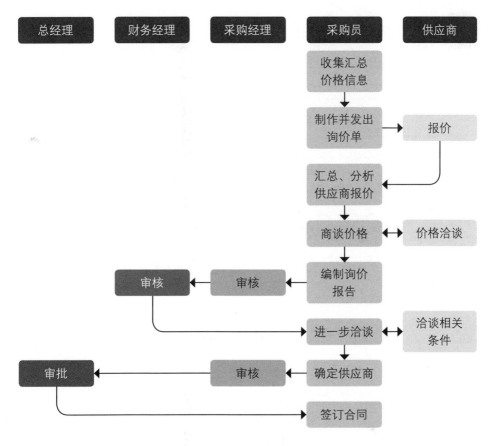

图9-5　询价流程

在制订询价—比价—议价流程时，采购员需要通过各种渠道收集供应商及其产品价格信息，充分调研同等水平产品的价格，初步确定询价供应商的范围。同时，需要对比采购清单，制作询价单，向初步选定的供应商发出询价通知，询问价格。

当供应商按照询价要求报价后，采购员还需要对价格进行汇总、分析，将询问得到的价格信息进行汇总、整理、分析后，与各供应商进一步商谈价格。经过对比分析，编制采购询价报告，交由采购部经理审核，审核过后即可进一步洽谈，签订采购合同。

附 询价流程所涉表单（附表9-8～附表9-11）

附表9-8 询价单

\multicolumn{7}{c}{询价单}

询价单

×××××× 公司

采购单位：＿＿＿＿＿＿＿＿＿＿＿＿＿＿＿＿＿＿＿＿＿＿
联系人：＿＿＿＿＿＿＿＿＿＿＿＿＿＿＿＿＿＿＿＿＿＿＿
联系电话：＿＿＿＿＿＿＿＿＿＿＿＿＿＿＿＿＿＿＿＿＿＿

项次	物料名称	规格/型号	单位	数量	单价	备注
1						
2						
3						
4						

此报价自＿＿＿月份来货起生效
付款方式：＿＿＿＿＿＿＿ ◎预付款（先提供发票） ◎货到付款 ◎其他
交货方式：＿＿＿＿＿＿＿ ◎送货上门   ◎自提   ◎其他
交货周期：＿＿＿＿＿＿＿
供应商信息：＿＿＿＿＿＿＿＿＿＿＿＿＿＿＿＿＿＿＿＿＿
供应商名称：＿＿＿＿＿＿＿＿＿＿＿＿＿＿＿＿＿＿＿＿＿
业务联系人：＿＿＿＿＿＿＿＿＿＿＿＿＿＿＿＿＿＿＿＿＿
联系电话：＿＿＿＿＿＿＿＿＿＿＿＿＿＿＿＿＿＿＿＿＿＿
联系地址：＿＿＿＿＿＿＿＿＿＿＿＿＿＿＿＿＿＿＿＿＿＿
汇款信息：＿＿＿＿＿＿＿＿＿＿＿＿＿＿＿＿＿＿＿＿＿＿

附表9-9 询价采购通知书

询价采购通知书

我司拟对一批办公家具进行询价采购，欢迎广大供应商参与报价。

一、项目名称：×××办公家具套系询价采购（本单位采购编号：＿＿＿＿＿＿＿＿＿＿）
二、供应商资格条件：具备政府采购法第二十二条第一款规定的条件
三、采购需求：见下表

续表

序号	物资名称	规格/型号	数量	技术要求及配置
1				
2				
3				
4				

四、报价要求：_____

五、付款方式：_____ ◎预付款（先提供发票） ◎货到付款 ◎其他

六、投标相应文件编制要求

（1）_____

（2）_____

（3）_____

七、请投标单位于__年__月__日前，将密封好的报价及相应文件送达或邮寄至_____

八、评审办法：_____

联系人：_____
单位地址：_____
联系电话：_____

附表9-10 采购订单

编号：　　　　　　　　　　　　　　　　　　日期：　年　月　日

下单日期：_____　　　　　单号：_____
供应商：_____　电话：_____　传真：_____
地址：_____
采购明细

序号	货物名称	规格	单位	数量	单价	总价	备注
合计							

说明事项：
1._____
2._____
3._____

续表

供货商	采购方
日期：_____	日期：_____
开户行：_____	开户行：_____
银行账号：_____	银行账号：_____
联系方式：_____	联系方式：_____
开票税号：_____	

附表 9-11 询价记录表

编号：　　　　　　　　　　　　　　　　　　　日期：　　年　　月　　日

序号	物料名称	规格单位	采购数量	供应商	原价	议价后价	议价单价	付款方式	交货日期	交货方式	备注

审核：　　　　　　　　编制：

9.3.4 供应商管理流程

供应商管理，是在新的物流与采购形势下提出的管理机制，是很多大型企业采购部门近几年新增加的一个管理内容。以往采购部门的工作重心在物料采购上，而并非供应商管理。随着客户关系在物流和采购中地位的日益凸显，供应商管理成为供应链中一个很重要的内容，它在实现准时化采购中起着重要的作用。

建立与优秀供应商的良好合作关系，并充分调动供应商的资源，将供应商纳入企业自身的整体经营中，让其积极参与产品开发或生产，成为企业打造品牌和产品的稳固力量。对供应商进行管理，主要有两个方面：一方面是增强黏性，巩固合作关系，减少供应商的数量，使采购活动尽量集中，降低采购成本；另一方面是过于依赖某一个或某几个供应商，防止供应商借机搞垄断，提高价格。

企业与供应商之间会产生"刺猬效应"，既不能靠得太近，也不能离得太远。那么，如何实现对供应商的良好管理呢？最有效的措施就是流程化管理，用流程优化供应商管理。具体如图 9-6 所示和表 9-2 所列。

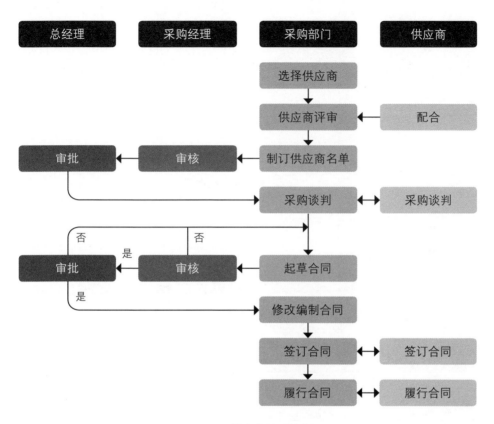

图 9-6 供应商管理流程

表 9-2 供应商管理流程说明

	流程节点	责任人	工作说明
1	选择供应商	采购部门	根据采购需要选择供应商
2	供应商评审		会同相关部门和人员对供应商的综合实力进行评审
3	制订供应商名单		将通过初审的供应商记录形成名单
	审核	采购经理	审核供应商名单
	审批	总经理	审批签字

续表

流程节点		责任人	工作说明
4	采购谈判	采购部门	提出基本的采购要求，向供应商询价，并比价、议价，供应商做出回应，进行洽谈
5	起草合同	采购部门	企业的法律顾问应针对合同的合法性和法律保障性提出相应的意见，配合采购部门拟定采购合同
	审核	采购经理	审核起草后的采购合同，核查合同条款，需要修改的合同应返回相关人员进行修改
	审批	总经理	审批签字
6	修改编制合同	采购部门	经总经理审批后由采购部门相关人员汇总相关人员的意见和建议，对合同中存在问题的地方进行修改
7	签订合同		采购合同编制完毕后，与供应商签订采购合同，双方代表签字并盖章
8	履行合同	采购部门 供应商	签订合同后，按照合同规定条款履行合同。经办采购员负责对合同的履行进行追踪。如在合同履行过程中发生争议，经办采购员应及时向采购经理报告，不能与对方协商解决的，应请示上级是否依法采取措施

附 供应商管理流程所涉表单（附表 9-12~附表 9-14）

附表 9-12 供应商调查表

编号：　　　　　　　　　　　　　　　　日期：　　年　　月　　日

供应商名称						
一、基本信息						
注册资本		法人		企业性质		
联系方式	网址					
	地址					
	联系人		职务		联系电话	
	电子邮箱		传真			

续表

银行信息	开户行地址			
	账户账号		资信等级	
主要经营范围				

二、企业资质					
序号	证书名称	证书编号	有效期限	颁发单位	资质等级	备注
1						
2						
3						
4						
5						

三、企业规模						
创立时间	员工人数	高级管理人员/%	普通员工/%	行业水平	所涉领域	自身优势
主要产品及其特点				主要产品性能		

四、经营情况				
市场区域	市场规模	项目名称	项目概况	主要业绩

审核： 编制：

附表9-13 合格供应商评审表

编号： 日期： 年 月 日

供应商名称				
物料名称				
企业负责人	姓名		职务	
	联系方式		传真	

续表

业务联系人	姓名		职务	
	联系方式		传真	
评鉴方式	□资料评鉴		□样品评鉴	□实地评鉴
评鉴部门	用料部门	品质	□合格 原因	□不合格 原因
	专业鉴定部/组	产品性能效益	□合格 原因	□不合格 原因
	采购部门	质量/价格	□合格 原因	□不合格 原因
综合判定结果	□合格		□不合格	

审批：　　　　　　　　审核：　　　　　　　　填表人：

附表9-14　供应商名录

序号	厂商编号	厂商名称	联系人	联系方式	供应材料	备注

审批：　　　　　　　　审核：　　　　　　　　填表人：

9.3.5 招标采购流程

招标采购是指采购方作为招标方,事先提出采购的条件和要求,邀请众多企业参加投标,然后由采购方按照规定的程序和标准一次性从中择优选择交易对象,并提出最有利条件的投标方签订协议等过程。这种采购方式是政府采购十分通用的方法之一,不过随着供应市场竞争的白热化,一些大企业也常常开始用这类采购方式,如在若干个供应商中选择最适合自己的供应商。招标采购流程如图9-7所示。

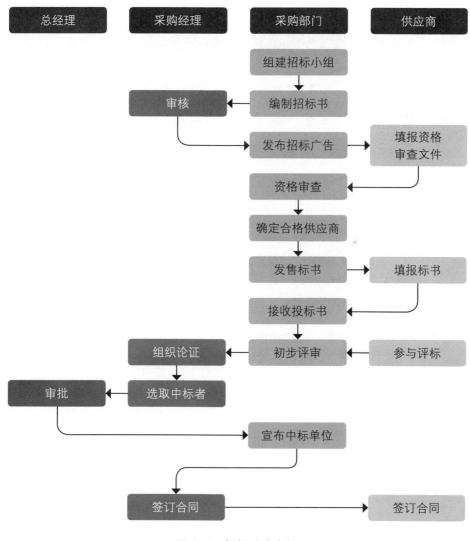

图 9-7 招标采购流程

招标采购分为两种方式，分别为竞争性采购和限制性招标采购。这两种做法的原理、流程基本相似。不同的是招标范围，前者是面向整个社会公开招标，后者是在选定的若干个供应商中招标。企业招标采购通常采用的就是限制性招标采购。

在整个招标过程中，采购部门的职责主要在于编制标书、发布招标广告、确定发售对象、发售标书，以及对对方填写的标书进行审核等。具体工作说明如表9-3所列。

表9-3　招标采购流程工作说明

流程节点		工作说明
1	组建招标小组	成立招标小组。招标小组成员由总经理根据评标内容审批确定，小组成员除专业技术人员外，根据采购业务的不同应有财务、预算、研发等相关人员。如有必要，还应有外聘专家（评标小组成员不得少于5人）
2	编制招标书	编制采购招标书，报采购经理审核
3	发布招标广告	发布招标广告，说明招标项目的名称、地点和任务等情况
4	资格审查	根据资格审查条件，对供应商的资质、信誉等方面进行审查，确认其是否符合采购需求
5	确定合格供应商	通过审查供应商各方面的指标，确定合格的供应商
6	发售标书	向合格的供应商发售标书
	填报标书	供应商填写完毕后递交到采购部门
7	接收投标书	接收供应商的投标书
8	初步评审	对供应商的投标书进行初步审核，剔除明显不合格的供应商
	组织论证	采购经理组织相关人员或专家对经筛选通过的投标书进行论证
9	选取中标者	选出最终的中标者
	审批	审批签字
10	宣布中标单位	采购部门相关人员宣布中标单位
11	签订合同	采购经理代表招标方与供应商签订采购合同

附 招标采购流程所涉表单（附表9-15、附表9-16）

附表9-15 招标评估小组名单

编号：　　　　　　　　　　　　　　　　　　日期：　年　月　日

招标机构名称					
小组成立时间				招标备案编号	
评标开始时间		开标时间		结束时间	
小组负责人		小组人数		专家人数	
初审评估人员名单					
序号	姓名		职务	联系方式	评审意见
现场评估人员名单					
序号	姓名		职务	联系方式	评审意见
专家人员名单					
序号	姓名		职务	联系方式	评审意见
备注					

招标机构（公章）：　　　　　　　　　　小组负责人签字：
　　　　　　　年　月　日　　　　　　　　　　　　年　月　日

附表 9-16　招标公告模板

××公司×××项目招标公告

招标编号：_____

根据《中华人民共和国招标投标法》以及有关法律法规，遵循公开、公平、公正和诚实信用的原则，××公司公开招标，欢迎有资质的制造企业前来参加投标。

1. 项目名称及项目编号
   （1）项目名称：_____
   （2）项目编号：_____
2. 项目简介
   投标内容及其范围
   （1）投标内容：_____
   _____
   _____
   _____
   _____
   _____

   （2）投标范围：_____
   _____
   _____
   _____
   _____

3. 投标人资格要求
   （1）_____
   （2）_____
   （3）_____
4. 投标报名，如表所列

报名时间		报名地点	
报名联系人		联系电话		邮箱/传真	
报名所需提交的资料	（上述资料截止至报名期限，逾期递交的资料不予接受。对于提供虚假资料的投标人，一经查明，取消其投标人资格）		

5. 发售标书时间和地点
   招标人将告知投标人是否通过资格预审，对通过资格预审的投标人发售招标文件，时间和地点另行通知。
6. 开标时间、地点
   开标时间：_____　开标地点：_____

第10章

客服部门管理流程设计关键词
提升服务质量,优化服务体验

现代企业的竞争不仅是产品之间的竞争,还是配套服务之间的竞争。客户对服务的要求越来越高,优质的客户服务管理能最大限度地使客户满意,能使企业在市场竞争中赢得优势,获得利益。

10.1 客服部门流程化管理的作用

客服管理，全称客户服务管理，是企业开发、挖掘、充分利用客户资源进行的各项服务工作的总称。现如今，各大企业都十分推崇客户利益至上的经营理念，将为客户提供满意的服务当作一切经营活动的终点，强调所有的工作都必须以满足客户痛点需求为前提，时时刻刻为客户提供良好的服务体验。

案例1

无论是在大街上还是在地铁里，随处都能看见手拿华为手机的人。为什么有这么多人喜爱华为手机，而且还要买最新款的呢？其实，这不仅是因为它过硬的质量，还在于华为更为周到的配套服务，正是这些服务大大增强了客户的购买体验。

例如，华为为了回馈广大用户的信赖和支持，让用户享受到更温暖的优质服务，华为客户服务中心（专营店）会定期举办服务体验月活动，开展一系列的"华为服务体验日"活动。

论质量和技术创新，三星、苹果一点也不逊色，而华为之所以能够备受消费者关注，最关键的就在于它的"服务"。如果说其他品牌的手机只能解决客户刚需（满足消费者基本需求）的话，那么华为则是抓住了消费者的痛点（大大超出预期的需求）。

完善的、高体验的客服工作已经成为现代企业管理中一项必不可少的内容。它体现了一种"客户至上"的经营观、文化观和价值观，通过对客户的精细化管理，达到提高客户满意度、强化客户忠诚度、最大限度开发客户资源的目的。

10.2 客服管理工作流程化设计的内容

客户服务工作是指企业服务人员利用一定的方法，通过企业与客户在销售、营销、产品体验上的交互，向其提供创新式、个性化服务的过程，其最终目标是吸引新客户、保留老客户，以及将已有客户转为忠实客户。客服工作的流程如图10-1所示，具体的客户关系管理流程说明如表10-1所列。

客服部门管理流程设计关键词
提升服务质量，优化服务体验 | 第10章

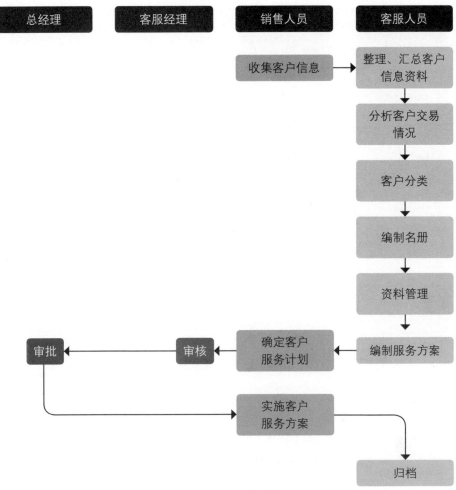

图 10-1　客服工作的流程

表 10-1　客户关系管理流程说明

流程节点		责任人	工作说明
1	收集客户信息	销售人员	收集整理客户信息资料，记录客户信息，制作《客户资料卡》，并建立客户信息资料库，为与客户建立长期关系做准备
	整理汇总客户信息资料	客服人员	整理、汇总客户信息资料
2	分析客户交易情况		分析每一位客户与本公司的交易情况、信用情况等

续表

流程节点		责任人	工作说明
3	客户分类	客服人员	根据分析结果以及客户分类标准，对客户进行分类，并将相关信息录入到公司的客户信息管理系统
4	编制名册		编制客户名册，记录客户的详细情况，以备查考
5	资料管理		做好客户资料管理，及时更新完善
6	编制服务方案	客服人员	根据客户情况和企业客户开发的相关规定编制客户维护方案，包括维护方式、负责人员、所需费用等
	确定服务计划	销售人员	编制客户服务计划，确定具体事宜
	审核	客服经理	针对方案的可行性和合理性进行审核审批，提出改进意见，以指导销售人员开展客户关系维护工作
	审批	总经理	审批签字
7	实施服务方案	销售人员	（1）根据审批通过的方案开展客户维护工作，包括客户定期拜访、针对客户的促销推广、听取客户对产品的意见等； （2）定期对客户关系的发展情况进行评估，提出客户优化管理的意见和建议； （3）改进客户关系维护方式和方法，进一步优化客户关系
8	归档	客服人员	整理、汇总客户关系维护过程中形成的资料，并根据公司文件管理规定，将相关文件送相关部门进行归档处理

10.3 客服管理工作中常用的管理流程

客户服务工作贯穿于企业整个管理工作的始终，其大致可以分为3个阶段：售前（产品咨询）、售中（客户体验）和售后（投诉、客户关系维护、客户信息和客户档案管理等）。每个阶段都是息息相关的，每一个阶段都应建立相关的流程，以提高客户服务的质量。下面提供一些基本的客户服务管理流程，以供大家学习参考。

10.3.1 客户信息管理流程

客户信息的收集、识别和处理效率极大地影响着客户满意度，要提高客户满意度就必须做好客户信息管理。而做好客户信息管理就需要规范客户信息收集、识别和处理的流程，提升客户服务响应速度。

所谓客户信息管理，是指对已拥有客户的姓名、性别、年龄、联系方式等基本信息，以及消费力、需求量、需求变化、潜在需求挖掘等深层次信息在内的所有信息，进行管理的一个过程。

客户信息的管理一般应由售后人员来做，如果企业没有专设售后部门，也可由销售部门兼做。客户信息管理流程如图 10-2 所示。

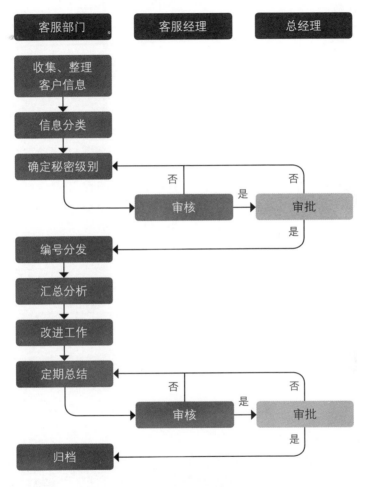

图 10-2　客户信息管理流程

在这里有一点需要重点解释下，客户信息作为一种特殊的资源，有时候具有很强的私密性。因此，很多客户信息虽然由售后服务部门或销售部门来管理，但不意味着所有的客户信息都由这两个部门来管理，尤其是专业性、保密性较强的客户信息。一般需要根据对信息处理的职责进行分解，主体部门负主要管理责任，如技术信息由技术部门处理、质量信息由质量部门来处理，售后服务部门只承担汇总、归档、保管的职责。客户信息管理流程额外说明如表 10-2 所列。

表 10-2 客户信息管理流程额外说明

流程节点		责任人（相关部门）	额外说明
1	收集、整理客户信息	相关部门	根据相关制度，组织专业人员，广泛收集有用的客户信息
2	信息分类		按照地域、时间等类型，及时对收集的客户信息进行分类
3	确定秘密级别		对客户信息进行初步分析，根据相关制度确定秘密等级，报上级审核
	审核	相关部门负责人	审核客户信息秘密等级
	审批	相关部门总监/总经理	审批签字
4	编号分发	客服部门	将客户信息按种类、日期进行编号处理，并分发至相关部门
5	汇总分析		将客户信息管理情况进行汇总、整理，对其有效性进行分析
6	改进工作		改进信息管理涉及的各项工作，使信息收集、整理更加有效
7	定期总结		定期对客户信息管理情况进行总结分析
	审核	客服经理	审核并提出意见
	审批	总经理	审批签字
8	归档	客服部门	将客户信息资料整理归档，以备查用

附 客户信息管理所涉表单（附表 10-1 ~ 附表 10-3）

附表 10-1 客户信息分类表

编号： 日期： 年 月 日

指标类型	指标	内容	评级标准	客户级别	得分标准	实际评分	备注
客户基本情况（10%）	性质						
	购买力						
购买力（30%）							

续表

指标类型	指标	内容	评级标准	客户级别	得分标准	实际评分	备注
客户潜在价值（40%）							
合作程度（20%）							

附表 10-2　客户信息管理汇总表

编号：　　　　　　　　　　　　　　　　　　日期：　年　月　日

客户信息表			
基本信息			
客户名称		联系方式	联系人
地址			
手机/座机		传真	网址
职务		相关联系人	相关联系方式
拜访情况			
拜访人		拜访时间	拜访次数
拜访成果			
需求分析			
下期计划			
备注			

附表 10-3　未成交客户改进建议单

编号：　　　　　　　　　　　　　　　　　　日期：　年　月　日

业务员		拜访时间	
客户姓名		联系电话	客户分类
未成交客户的来源			

续表

未成交的原因（以卖房为例）
已在别处购买商品房 现有价格偏高，再等等，愿意购买 对楼层、户型不满意 缺失贷款 因于限购政策，无法购买 家庭有房，不合适，不轻易重复购买 从未考虑买房 无故未到场 再看看做决定 ……
确定客户类型
可做下批次储备客户 尽量争取客户 明确退卡放弃客户
解决方案

10.3.2 客户信用等级管理流程

现代社会是信用社会，无论是一个人，还是一个企业，要想立足社会必须讲信用，拥有良好的信用积累。对于企业而言，有一种信用非常重要，即客户信用。信用度就是忠诚度，而忠诚度可直接转化为经济利益。

一个企业如果拥有一大批信用度、忠诚度非常高的客户，那么业绩的增长以及长久稳定发展将指日可待。最具代表性的就是苹果手机的"果粉"、小米手机的"米粉"、魅族手机"煤油"。以此可以说明，企业必须对客户的信用进行管理，认清哪些客户是重点客户，哪些客户是普通客户，哪些客户又是可有可无的客户，从而制订出更有针对性的服务策略。尤其是信用度最高的那部分客户，必须给予最好的产品体验和配套服务。客户信用等级管理流程如图10-3所示，具体的客户信用等级管理流程说明如表10-3所示。

客服部门管理流程设计关键词 | 第10章
提升服务质量，优化服务体验

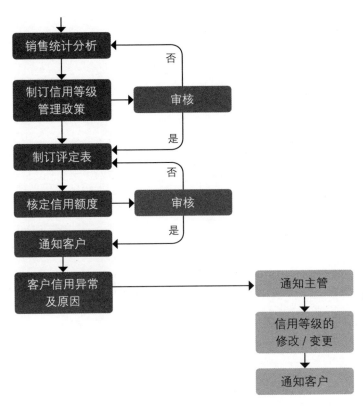

图 10-3　客户信用等级管理流程

表 10-3　客户信用等级管理流程说明

	流程节点	责任人	工作说明
1	收集信用信息	客服人员	收集相关客户的信息及竞争对手的信用标准、政策等
2	分析信用信息		组织相关人员对客户信用状况进行深入分析
3	销售统计分析	客服部门	对公司所有客户的销售情况进行统计、分析，由财务部门提供相关数据支持
4	制订信用等级管理政策		参考其他竞争对手的信用等级及配套政策情况，并结合本公司的实际情况制定企业《客户信用登记评定标准》
	审核	客服经理	审核信用等级管理政策
5	制订评定表	客服部门	在客户销售数据统计分析和信用状况分析的基础上进行客户信用评级，并制订"客户信用等级评定表"
6	核定信用额度	客服经理	根据客户实际需要为客户申请信用额度，报客服经理审批

续表

	流程节点	责任人	工作说明
6	审核	客服部门	审核，如未通过，则由客户服务部门进一步分析、修改
7	通知客户	客服部门	通过书面形式或电话、传真方式，通知客户其获得的信用额度
8	客户信用异常及原因	客服人员	通过市场调研，发现客户信用异常（如在日常的营销监控中发现客户信用异常，或是客户运作异常或财务往来异常等）情况，并了解客户信用异常的原因
9	通知主管	客服人员	由客户服务人员将客户信用异常情况及发生原因通知主管
10	信用等级的修改/变更	客服人员	如客户异常情况严重，则讨论变更信用等级的必要性，如需变更，则将客户信用等级变更登记通知客户
11	通知客户	客服人员	与客户沟通，通知其信用等级，促其保持或改善信用能力

附 客户信用等级管理所涉表单（附表 10-4、附表 10-5）

附表 10-4　客户信用分析表

编号：　　　　　　　　　　　　　　　　　　　　日期：　　年　　月　　日

业界动向	1. 生意往来企业之业界动向是好是坏	
	2. 现今国际、国内市场环境动向是好是坏	
	3. 金融环境是好是坏	
	4. 业界未来的展望是好是坏	
	5. 业界长期展望是好是坏	
经营素质	1. 生意往来企业的经营是法人还是个人	
	2. 其资本、资金如何	
	3. 同行的评价如何	
	4. 总公司、关系企业、主要银行的信誉如何	
	5. 资金关系如何	
评语	1. 是否有不当交易的谣传	
	2. 是否有政治性不明朗的谣传	
	3. 与问题较多的外部团队的联系如何	
	4. 是否有计算上不公正的谣传	
	5. 税务是否正当	

续表

市场	1. 主力商品的利润率是多少 2. 销售战略是否困难 3. 批发或零售商品是否安全 4. 对新产品开发、技术开发是否热心 5. 库存管理、交货措施是否万全
财务状况	1. 过去的平均利润如何 2. 公司的资产怎样 3. 货款是否适当 4. 过剩投资是否安全 5. 是否有不良的债权
评价	

附表 10-5 客户信用等级评定表

编号： 日期： 年 月 日

评估值 / 分	等级	信用评定	建议提供的信用限额 （大小与具体行业有关）
86~100	CA1	极佳，可以给予优惠的结算方式	大额
61~85	CA2	优良，可以迅速地给予信用核准	较大
46~60	CA3	一般，可以正常地进行信用核定	适中
31~45	CA4	稍差，需要进行信用监控	小量，需要定期核定
16~30	CA5	较差，需要适当地寻求信用担保	尽量不提供信用额度或极小量
0~15	CA6	极差，不应与其交易	不提供信用额度
缺少足够的数据	NR	未能做出评定，数据不充分	数据不足，不做建议

10.3.3 售后跟踪服务流程

产品销售出去并不意味着销售工作的结束，还有一个重要环节就是做好售后跟踪服务。售后跟踪服务是客服工作中一个非常重要的环节，是产品销售的一种延续，只有售后跟踪服务跟得上，才能真正做到让客户满意。

然而，很多企业并没有真正认识到这一环节的重要性，往往是被动地为客户提供服务，不会主动出击，积极跟踪。殊不知，这样远远达不到客户的要求，退货、投诉之类的事情也会多起来。因此，企业必须注重售后的跟踪服务。售后跟踪服务流程如图 10-4 所示。

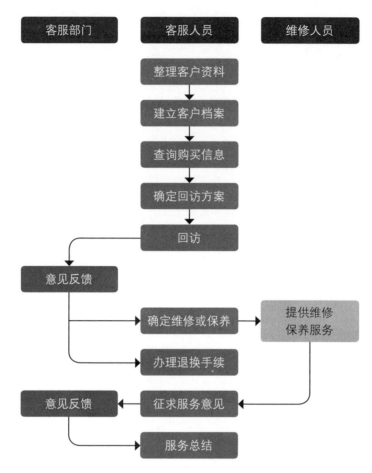

图 10-4 售后跟踪服务流程

售后跟踪服务通常由售后服务人员来做,从客户资料的整理分析、回访方案的制订、回访的执行、回访总结等都需要一步一步去做,具体内容如表 10-4 所列。同时,也需要与销售人员、维修人员密切配合,特别是当客户在使用产品过程中遇到问题或有不满意的地方,就需要相关人员协助处理。

表 10-4 售后跟踪服务人员工作内容说明

	流程节点	工作内容
1	整理客户资料	详细收集并整理客户的交易资料,以及基本信息、日常服务记录等
2	建立客户档案	按照公司要求的形式,建立客户档案备用
3	查询购买信息	根据客户档案及交易记录,查询客户购买信息,确定客户需要何种服务

续表

	流程节点	工作内容
4	确定回访方案	根据客户购买产品的情况和回访规范，确定客户回访或调研方式、周期和时间，并组织实施
5	回访	按照既定的方案，一般有电话回访、信函回访、上门拜访等方式，实施回访计划，了解产品使用情况和服务提供质量
6	意见反馈	按照计划获取客户的意见反馈，并记录
7	确定维修或保养	根据客户的反馈意见以及产品存在的问题，决定处理方法，如维修、保养、退货、换货等
8	征求服务意见	针对客户回访中出现的问题以及问题解决情况，进行再次调研，征求客户对公司处理问题的意见
9	意见反馈	提出意见，客服人员予以记录
10	服务总结	根据实际的服务提供情况和客户意见，对售后服务质量进行总结，并提出改进方法

附 售后跟踪服务所涉表单（附表10-6、附表10-7）

附表10-6 客户跟踪情况台账

编号：　　　　　　　　　　　　　　　　　　　　日期：　　年　　月　　日

	项目	说明
联络客户阶段	确定联络计划	包括联络重点、预订品种、数量、金额、联络次数、联络时间等
	准备资料	客户基本资料、产品资料、样品、文书、票据、名片等
	联络方法	定期联络，掌握联络通话主动权，帮助客户了解企业
跟踪客户阶段	订单跟踪	使用"订单跟踪表"跟踪客户下单情况
	出货跟踪	使用"出货跟踪表"跟踪出货情况
	产品跟踪	使用"产品跟踪表"跟踪产品情况

附表10-7 客户意见反馈记录

编号：　　　　　　　　　　　　　　　　　　　　日期：　　年　　月　　日

公司名称		联系人	
联系地址		联系方式	
一、产品质量方面			
项目 （请在相应的下面画"√"）	满意	较满意	不满意
产品的外观、造型			

续表

产品的性能			
产品的稳定性			
……			
二、售后服务方面			
项目 （请在相应的下面画"√"）	满意	较满意	不满意
服务人员的态度			
服务人员的服务质量			
服务人员的责任			
解决问题是否及时			
……			

请对我们的产品或服务提出您的宝贵意见：

制作人：

10.3.4 客户投诉处理流程

引起客户投诉的原因很多。比如，产品质量投诉，包括质量缺陷、规格不符、超出允许误差、产品故障等。面对客户的投诉、抱怨应该有一个正确的认识，因为客户的要求是一种非常宝贵的资源。处理得当的话，不仅能够留住可能流失的客户，提升客户的忠诚度，甚至能够通过口碑效应，为公司赢得更多的潜在客户；反之，不仅会失去现有的客户，还可能对以后的销售造成不利影响。

企业要正确而妥善地处理客户的投诉，建立畅通的客户沟通渠道，设立客户服务点，专人专管，专门负责接收客户的投诉。具体流程如图10-5所示，客户投诉管理流程说明如表10-5所列。

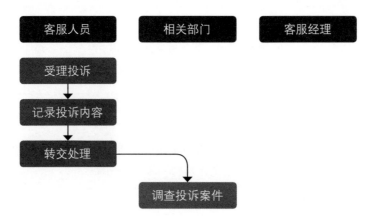

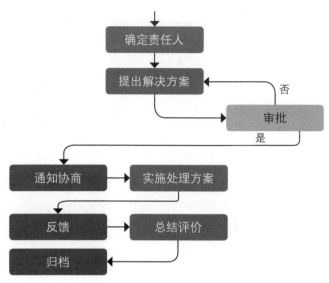

图 10-5　客户投诉处理流程

表 10-5　客户投诉管理流程说明

流程节点		责任人	工作说明
1	受理投诉	客服人员	客服人员随机受理客户投诉
2	记录投诉内容		记录客户投诉的内容、投诉人地址、联系电话、投诉时间等
3	转交处理		初步分析客户投诉原因,判断客户投诉是否合理或者是否真的存在问题。没有问题则与客户沟通解释;有问题则需查明原因,安排并转交相关部门解决
4	调查投诉案件	相关部门	根据客服人员上交的客户投诉记录,于1个工作日内实施调查,核查案件发生情况和发生原因
5	确定责任人		针对案件调查情况,确定投诉案件的直接责任人或责任部门。主要责任部门包括生产部门、质量管理部门、技术研发部门以及市场营销部门等
6	提出解决方案		针对案件调查情况,如是己方原因,则提出解决方案,根据投诉事项的性质判定投诉处理时间,并及时将投诉解决期限通知客户;如不是己方原因,则与相关部门协商解决,并耐心、认真地向客户做出解释,并征得客户的认同
7	审批	客服经理	研究相关部门提出的解决方案,验证其可行性
	通知协商	客服人员	与客户协商,听取客户对投诉处理方式的意见
	实施处理方案	相关部门	在承诺的投诉处理期限内完成投诉处理,并向投诉客户及时通告投诉处理的结果和方法
8	反馈	客服人员	对客户投诉案件处理情况实施监督,确认客户对投诉处理是否满意,并及时反馈处理效果及客户意见
	总结评价	相关部门	及时总结相关投诉信息和处理方法,积累经验,改进产品或服务

续表

流程节点		责任人	工作说明
9	归档	客服人员	将相关记录、资料等归档

附 客户投诉处理所涉表单（附表 10-8 ~ 附表 10-10）

附表 10-8 来访客人登记表

编号： 日期： 年 月 日

序号	来访人	被访人	来访事由	联系方式	是否预约	时间		被访人签字
						进入	离开	
1								
2								
…								

制表人：

附表 10-9 客户投诉记录表

编号： 日期： 年 月 日

客户投诉		品名规格	交运日期		客户投诉内容	处理方式			损失	备注
日期	编号		日期	数量		赔款	退货	折价		

制表人：

附表 10-10 客户投诉内容预处理记录

编号： 日期： 年 月 日

投诉客户		投诉日期	
客户地址		联系电话	
投诉内容			
处理意见			
处理结果			
回访客户			

经办人： 主管领导：

10.3.5 产品维护保养服务流程

有很多产品需要定期维护和保养,这时就需要售后服务人员为客户做好服务,以提升客户在购买产品后的使用感受。其实,随着产品竞争的日益激烈,以维护和保养等配套服务来获取客户,提升客户忠诚度,已经成为很多企业立足市场的杀手锏,有的甚至在客户购买产品时,就承诺给予相应的服务。

因此,为老客户提供产品在维护和保养方面的服务,就成为企业售后部门的主要工作内容之一。做好服务性的工作,对稳固老客户、开发新客户有着重要的意义。产品维护和保养服务流程如图10-6所示。

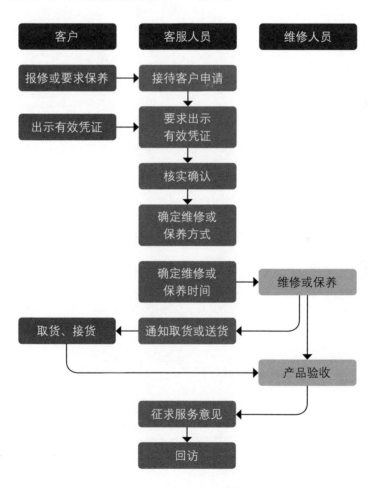

图 10-6　产品维护和保养服务流程

附 产品维护保养服务所涉表单（附表 10-11 ~ 附表 10-15）

附表 10-11　客户报修或投诉记录表

编号：　　　　　　　　　　　　　　　　　　日期：　　年　　月　　日

报修或投诉客户企业		日期	
报修或投诉客户姓名		联系电话	
报修或投诉内容			
情况核实			
处理意见			
处理结果			
客户回访			

经办人：　　　　　　　　　　　　　　　　　　主管领导：

附表 10-12　客户产品维修/保养登记表

编号：　　　　　　　　　　　　　　　　　　日期：　　年　　月　　日

客户名称		客户类别	
客户地址		客户联系人	
订单号码		交易日期	
投诉受理部门		负责处理部门	
问题品名规格	交易日期	交易数量	交易金额

投诉原因：

客户要求：

采取措施：

审批部门意见和签字	营销部门：	财务部门：	生产部门：	企业领导：

制表人：　　　　　　　　　　　　　　　　　　审核：

附表 10-13　派工单

编号：　　　　　　　　　　　　　　　　　　　　　日期：　　年　　月　　日

维修、安装产品提供（管理处、用户）：				维修、安装位置：			
维修、安装产品验证情况：							
签发人			签发时间		收回时间		
维修内容：							
施工工时			施工人数		施工时间		
耗用材料	名称	数量		单位	单价		总价
验收签字	维修安装结果：						
	意见：					签名：	
维修人				工程经理			
收取金额/元				收款人签字			

附表 10-14　产品故障维修

编号：　　　　　　　　　　　　　　　　　　　　　日期：　　年　　月　　日

送修人填写	客户名称：			项目编号：	
	联系方式：			联系电话：	
	产品型号：	产品数量：		送修日期：	是否加急： □是　□否
	产品类型：				是否研发参与： □是　□否
	维修目的：□1.按项目退库　□2.用户维修　□3.退新品库　□4.退周转品库 □5.其他				
	产品序列号/条形码		故障现象		出库日期
	送修人：				年　月　日
研发意见	接收人签字确认：				年　月　日
确认	生产日期：			维修次数：	
	接收人签字确认：				年　月　日

续表

初检	□合格，无故障 □不合格，但故障与描述不符 □存在故障，维修			评审意见： 故障描述：		
	维修人员签字： 年 月 日			负责人确认签字： 年 月 日		
维修验证	产品序列号	故障	原因分析	维修情况（维修次数）/报废申请	验证情况	
					检验项目	检验结论
	维修完成人/日期：		验证人/日期：		取件人/日期：	
报废处理	报废处理意见： 负责人签字： 年 月 日					
账务	入库/转库单据号：		转库数量：		转库办理日期：	

制表人： 审核：

附表10-15 客户意见表

编号： 日期： 年 月 日

客户名称		联系方式			
地址					
调查内容		非常满意	满意	一般	不满意	非常不满意
服务质量	服务态度					
	办事效率					
	服务人员的专业水平					
客户建议					年 月 日
处理结果				负责人： 年 月 日	

制表人： 审核：